Christoph Wagner

Das Werden der Heilpädagogik auf anthroposophischer Grundlage

Christoph Wagner

Das Werden der Heilpädagogik auf anthroposophischer Grundlage

Zur Geschichte der Bewegung

Herausgegeben von der Konferenz
für Heilpädagogik und Sozialtherapie
in der Medizinischen Sektion der Freien Hochschule
für Geisteswissenschaft am Goetheanum
mit einem Vorwort von Hellmut Klimm

Verlag am Goetheanum

Einbandgestaltung von Gabriela de Carvalho

Gesamtherstellung: Freiburger Graphische Betriebe
ISBN 3-7235-0725-5

Inhalt

Vorwort

Die anthroposophisch begründete Heilpädagogik hat sich aus kleinen Anfängen zu großer Vielfalt entwickelt. Das spiegelt sich in ihrer Geschichte. Solange sie von Dr. Ita Wegman begleitet wurde, war sie eng zusammengeschlossen. Später ging die Ausbreitung mit initiativen Mitarbeitern in verschiedene Richtungen, doch blieb die Verbindung unter den Institutionen immer erhalten. Aber jedes Heim geht seinen eigenen Weg, und die Mitwirkenden haben ihren Standort. Wenn sie aus ihrer Sicht über die Geschichte der ganzen Bewegung berichten, sind Einseitigkeiten zu erwarten. Es gibt viele gute Veröffentlichungen, aber keine Übersichten.

1994 geht die Heilpädagogik mit ihrem siebzigjährigen Jubiläum in die dritte Generation. Anfangs wurde über die Entfaltung der Institute in den verschiedenen Ländern mündlich erzählt. Man kannte sich und gab weiter, was man erfuhr und erlebte. Das wird mit dem Abstand vom Ursprung schwieriger. Die neu Hinzukommenden und Interessierten wünschen sich heute zu ihrer Orientierung eine zusammengefaßte und doch möglichst vollständige Aufzeichnung der Entwicklung.

Diesem Wunsch kommt eine Abschlußarbeit von Christoph Wagner am Heilpädagogischen Seminar in Dornach entgegen. Er hat sich die Geschichte der Heilpädagogik und der aus ihr herausgewachsenen Sozialtherapie als Thema gestellt und mit großem Interesse und vielen Befragungen die Grundlagen erforscht. Mit seinem Engagement für besondere Aspekte und in sachlicher Beschränkung im Umfang ist ihm ein guter

Überblick gelungen. Wir lesen, in welch verschiedenen Arten sich die Initianten bei den Gründungen ihrer Heime und Schulen für die Verwirklichung der Impulse Rudolf Steiners eingesetzt haben. Die Lebensbilder einiger Gründerpersönlichkeiten werden beschrieben. Gemeinschaften fanden sich, gefördert durch das enge Zusammenleben in den Heimen, zur Arbeit mit ihren Betreuten zusammen. Außer eindrucksvollen karmischen Gemeinsamkeiten werden auch Gegensätze sichtbar, die zu Auseinandersetzungen führten. Die Verankerung der Heilpädagogik in der Medizinischen Sektion der Allgemeinen Anthroposophischen Gesellschaft, die Rudolf Steiner eingerichtet hat, mit ihrem organisatorischen Umkreis und die Ausbildung der Heilerzieher in den verschiedenen Ländern werden in eigenen Kapiteln behandelt.

Es ist begrüßenswert, daß die als Seminararbeit verfaßte Darstellung von Christoph Wagner nun als Veröffentlichung in der heilpädagogischen Schriftenreihe einen größeren Umkreis erreicht. Die Aufgabe einer Dokumentation der umfangreichen Bewegungsgeschichte erfüllt sie nicht. Darauf müssen wir wohl noch warten. Bei dem Abstand von siebzig Jahren wäre es aber gut, wenn sich bald jemand dieser Aufgabe annähme, sonst wird die Erreichbarkeit der Unterlagen und die Gewichtung der vielen Entwicklungsschritte immer schwieriger.

Die vorliegende Schrift bietet uns einen guten Einstieg in die Geschichte und die Anhaltspunkte, um andere Darstellungen in den rechten Zusammenhang zu stellen. Eine gute Aufnahme sei ihr gewünscht.

Hellmut Klimm

Einleitung

Nachdem zu Beginn der zwanziger Jahre innerhalb der anthroposophischen Bewegung verschiedene heilpädagogische Initiativen entstanden waren, wurde im Jahre 1924 mit der Begründung des ersten Heil- und Erziehungsinstituts für Seelenpflege-bedürftige Kinder «Lauenstein» und dem anschließend in Dornach gehaltenen «Heilpädagogischen Kurs» der eigentliche Grundstein für die Heilpädagogik auf anthroposophischer Grundlage gelegt.

Im Jahr 1994 sind siebzig, zum Teil sehr bewegte Jahre vergangen. Dies soll Anlaß geben, einmal zurückzuschauen auf die Geschichte unserer Bewegung: Was war der äußere Anlaß für damalige Ereignisse, und welche Entwicklung hat sich bis heute daran angeschlossen.

Vorliegende Schrift ist eine Überarbeitung meiner Diplomarbeit, verfaßt während des Studienjahres 1992/93 am Rudolf-Steiner-Seminar für Heilpädagogik in Dornach. In einem großen Bogen soll ein Überblick über die Entwicklung der Heilpädagogik auf anthroposophischer Grundlage gegeben werden. Es ist mir bewußt, daß eine Arbeit in diesem Rahmen, bei allem Bemühen um eine objektive Darstellung, mit Mängeln behaftet ist. Hinter all jenen Ereignissen stehen viele Menschen, verbunden damit ebenso viele verschiedene Sichtweisen. Darum bitte ich um Nachsicht, wenn bestimmte Sachverhalte anders gesehen werden oder nicht richtig wiedergegeben wurden. Im Hinblick auf eine Vervollständigung des Materials bin ich sehr interessiert an Korrekturen, Ergänzungen und weiteren Geschichtszeugnissen. Diese können sowohl an das Sekretariat der Konferenz für Heilpädagogik und Sozialtherapie als auch direkt an den Autor im Heil- und Erziehungsinstitut Eckwälden gesandt werden.

Schließlich möchte ich mich an dieser Stelle ganz herzlich bei all denen bedanken, die mich beraten und unterstützt haben, diese Schrift zu verfassen. Besonderer Dank geht an Herrn Siegfried Pickert, welcher in hohem Alter mir sehr eindrücklich aus den Anfangszeiten der Bewegung erzählen konnte, sowie an Herrn Dr. Hellmut Klimm für wichtige Hinweise zur Geschichte nach dem Zweiten Weltkrieg und das Vorwort.

Christoph Wagner

Der pädagogische Impuls Rudolf Steiners

Um Rudolf Steiners pädagogischen Impuls, der kurz vor Beginn seiner schweren Krankheit im Heilpädagogischen Kurs seinen Höhepunkt fand, besser zu verstehen, ist es nützlich, eine kurze Betrachtung seines Lebenslaufes voranzustellen. Ein besonderer Schwerpunkt muß natürlich auf Rudolf Steiners Begegnungen und Auseinandersetzung mit der Pädagogik gelegt werden. Als wichtige Quelle diente hierzu die zwischen 1922 und 1925 auf das Drängen befreundeter Menschen hin verfaßte, aber nicht ganz vollendete Autobiographie «Mein Lebensgang». Hierzu schreibt Rudolf Steiner selber: «Und so kann ich mich zu der folgenden Darstellung nur entschließen, weil ich verpflichtet bin, manches schiefe Urteil über den Zusammenhang meines Lebens mit der von mir gepflegten Sache durch eine objektive Beschreibung in das rechte Licht zu stellen, und weil mir das Drängen freundlich gesinnter Menschen im Hinblick auf diese Urteile als begründet erscheint.»[1]

Kindheit

Rudolf Steiner wurde am 27. Februar 1861 geboren. Seine Eltern stammten aus ländlichen, katholischen Verhältnissen Niederösterreichs. Er hatte zwei jüngere Geschwister: die

Schwester Leopoldine (1864–1927) und den taubstummen Bruder Gustav (1866–1942).

Als Sechs- bis Siebenjähriger begegnete Rudolf Steiner in Pottschach des öfteren einem etwa dreißigjährigen hydrozephalen Menschen. Er berichtet im Heilpädagogischen Kurs von seinem Erlebnis mit ihm: «Er mußte auf Krücken gehen, weil der Körper den Kopf nicht tragen konnte. Die Gehmuskulatur war zurückgeblieben. Er hatte einen riesigen Kopf. (...) Er hat auf mich einen außerordentlichen Eindruck gemacht ...»[2]

Studienzeit

Entgegen dem Wunsch seines Vaters, der es lieber gesehen hätte, daß sein Sohn Eisenbahningenieur geworden wäre, wollte der junge Rudolf Steiner Realschullehrer werden. Er nahm dazu im Herbst 1879 das Studium an der Technischen Hochschule in Wien auf, das er mit Nachhilfestunden finanzierte.

Hauslehrer bei Familie Specht

Nach Beendigung seines Studiums an der Hochschule und einigen anderen Aufgaben wurde er 1884 auf Empfehlung seines ehemaligen Professors für deutsche Literatur Hauslehrer der Familie Specht. Diese insgesamt sechs Jahre dauernde Tätigkeit bildete für Rudolf Steiner eine wichtige Grundlage für das, was in seinem letzten Lebensjahr in der Begründung der Heilpädagogik seine Frucht tragen sollte.

Neben der Erziehung der vier Buben in der Familie galt seine besondere Sorge dem zehnjährigen, stark hydrozephalen Sohn Otto Specht. Dieser erschien in seiner körperlichen und seelischen Entwicklung in solchem Maße abnorm, daß sogar die Eltern an seiner Bildungsfähigkeit zweifelten.

«Ich mußte den Zugang zu einer Seele finden, die sich zunächst wie in einem schlafähnlichen Zustande befand und die allmählich dazu zu bringen war, die Herrschaft über die Körperäußerungen zu gewinnen. (...) Für das Unterrichten mußte ich besondere Methoden ersinnen. Jede Viertelstunde, die über ein gewisses dem Unterricht zugeteiltes Zeitmaß hinausging, bewirkte eine Beeinträchtigung des Gesundheitszustandes. (...) Diese Erziehungsaufgabe wurde für mich eine reiche Quelle des Lernens. Es eröffnete sich mir durch die Lehrpraxis, die ich anzuwenden hatte, ein Einblick in den Zusammenhang zwischen Geistig-Seelischem und Körperlichem im Menschen. Da machte ich mein eigentliches Studium in Physiologie und Psychologie durch. Ich wurde gewahr, wie Erziehung und Unterricht zu einer Kunst werden müssen, die in wirklicher Menschenerkenntnis ihre Grundlage hat.»[3]

Durch großen Einsatz gelang es Rudolf Steiner, den Jungen bereits nach zwei Jahren auf den Wissensstand der Volksschule zu bringen, so daß er in das Gymnasium aufgenommen werden konnte. Otto Specht wurde schließlich Arzt; er starb als Opfer des Ersten Weltkriegs.

Lehrer an der Arbeiterbildungsschule in Berlin

Nach seiner Tätigkeit als ständiger Mitarbeiter im Goethe-und-Schiller-Archiv in Weimar in den Jahren 1890–1897 siedelte Rudolf Steiner nach Berlin über. Dort wurde er im Jahre 1899 vom Vorstand der von Wilhelm Liebknecht gegründeten Arbeiterbildungsschule in Berlin gefragt, ob er nicht den Unterricht in Geschichte und Redeübungen übernehmen wolle.

Es war eine Zeit, in welcher viele Arbeiter mit Begeisterung nach Bildung und Erkenntnis strebten.

«Mich interessierte zunächst der sozialistische Zusammenhang, in dem die Schule stand, wenig. Ich sah die schöne Aufgabe vor mir, gereifte Männer und Frauen aus dem Arbeiterstande zu belehren. Denn junge Leute waren wenige unter den ‹Schülern›. Ich erklärte dem Vorstande, wenn ich den Unterricht übernähme, so würde ich ganz nach meiner Meinung von dem Entwickelungsgange der Menschheit Geschichte vortragen, nicht in dem Stil, wie das nach dem Marxismus jetzt in sozialdemokratischen Kreisen üblich sei. Man blieb dabei, meinen Unterricht zu wünschen.»[4]

Rudolf Steiner war bis 1905 in der Schule tätig. Dann wurden die Schwierigkeiten mit dem politischen Schulvorstand so groß, daß er die Arbeit aufgeben mußte.

Erste Veröffentlichung zur Pädagogik

Konkrete Ausführungen Rudolf Steiners zur Pädagogik finden wir dann in den 1906/07 gehaltenen Vorträgen über «Die Erziehung des Kindes vom Gesichtspunkte der Geisteswissenschaft», die später in einer kleinen Schrift veröffentlicht wurden.[5]

Gründung der Waldorfschule

Im Jahr 1919 übernahm Rudolf Steiner auf Bitten von Emil Molt (1876–1936) den Aufbau einer Schule für die Kinder von Werksangestellten der Zigarettenfabrik Waldorf-Astoria. Emil Molt war für seine Zeit ausgesprochen fortschrittlich darum bemüht, seinen Arbeitern eine angemessene Bildung zu gewähren. Nun griff er den Vorschlag seiner Arbeiter auf, schon den Kindern die Möglichkeit einer ordentlichen Bildung zu verschaffen.

Mitte August desselben Jahres zeigte Rudolf Steiner in der Vortragsreihe «Die Erziehungsfrage als soziale Frage» in Dornach die spirituellen, kulturgeschichtlichen und sozialen Hintergründe der Waldorfpädagogik auf. Die menschenkundlichen und pädagogischen Fragen wurden dann Ende August in einem vierzehn Tage dauernden Zyklus direkt vor der eigentlichen Eröffnung der Schule besprochen. Folgende drei Kurse fanden über den Tag verteilt statt: «Allgemeine Menschenkunde als Grundlage der Pädagogik», «Erziehungskunst – Methodisch-Didaktisches», und «Erziehungskunst – Seminarbesprechungen und Lehrplanvorträge».[6] An diesen Kursen nahmen neben einigen Interessenten alle Lehrer der neuen Schule teil. Diese waren von Rudolf Steiner persönlich ausgesucht worden;[7] sie wurden damit auf ihre neue Tätigkeit gut vorbereitet. In den folgenden Jahren fand in verschiedenen Vortragsreihen eine Erweiterung der dort gegebenen Grundlagen statt.

Von Anfang an waren gegenüber der herkömmlichen Schulerziehung folgende Neuerungen in der Waldorfschule veranlagt: die Koedukation der Geschlechter, die soziale Koedukation verschiedener Volksschichten, der Verzicht auf Prügelstrafe und Zensuren, der Epochenunterricht, der Fremdsprachenunterricht von der ersten Klasse an und vor allem der handwerkliche und künstlerische Unterricht. Auch war schon zu Beginn ein Schularzt mit im Kollegium.

Bei der Eröffnung der Waldorfschule im September 1919 wurden 252 Schüler, davon 191 Kinder von Werksangestellten, in acht Klassen durch zwölf Lehrer beschult.[8] Diese Schule wurde als Ur-Waldorfschule zum fruchtbaren Keim einer sich heute noch stark ausbreitenden Weltschulbewegung.

Bis zu seiner Erkrankung blieb Rudolf Steiner in engem

Kontakt mit der Waldorfschule, leitete häufig Lehrerkonferenzen und Elternabende, hielt Ansprachen zu Feiern und führte Gespräche mit den Schülern.

Der heilpädagogische Impuls wird mit der Medizin verbunden

Da das Interesse an medizinischen Fragen unter den Mitgliedern der Anthroposophischen Gesellschaft recht groß war, hielt Rudolf Steiner in den Jahren 1920 bis 1924 eine Reihe von Kursen und Vorträgen für Ärzte und Medizinstudenten. Auch hatte 1921 die holländische Ärztin Ita Wegman in Arlesheim das Klinisch-Therapeutische Institut, eine Privatklinik für innere Medizin nach den Richtlinien Rudolf Steiners begründet.

Als Rudolf Steiner während der Weihnachtstagung 1923 von drei Studenten um Anregung in der Behindertenarbeit gebeten wurde, wies er sie im Gespräch an, Kontakt zu Ita Wegman und damit zur neugegründeten Medizinischen Sektion aufzunehmen. Nachdem im Frühjahr 1924 mit seiner Unterstützung auch das «Heil- und Erziehungsinstitut Lauenstein» gegründet worden war, hielt er im Sommer 1924, wenige Tage nachdem er dieses Institut besucht hatte, in Dornach den Heilpädagogischen Kurs.

Zu Michaeli 1924 erkrankte Rudolf Steiner schwer und konnte bis zu seinem Tod am 30. März des folgenden Jahres sein Krankenlager nicht mehr verlassen.

Der Unterschied in der Entstehung von Waldorfpädagogik und Heilpädagogik

Es ist ein interessanter Unterschied zwischen der Entstehung der Waldorfschulbewegung und der heilpädagogischen Bewegung zu beobachten. Die Grundlagen der Waldorfpädagogik wurden von Rudolf Steiner im Vorfeld der Begründung der ersten Waldorfschule geschaffen und auch danach kontinuierlich weiterentwickelt. Der Begründung der heilpädagogischen Bewegung hingegen ging die Initiative voraus: Als Rudolf Steiner mit dem Heilpädagogischen Kurs in einem einmaligen Höhepunkt die umfassende Grundlage der anthroposophischen Heilpädagogik schuf, wurden im neugegründeten «Lauenstein» und im Klinisch-Therapeutischen Institut schon Kinder heilpädagogisch betreut.

Vorgeschichte zum Heilpädagogischen Kurs

Wenn auch die Gründung des ersten «Heil- und Erziehungsinstituts für Seelenpflege-bedürftige Kinder Lauenstein» und der Heilpädagogische Kurs die zentralen Ereignisse für den Beginn der anthroposophischen Heilpädagogik waren, gingen diesen doch einige sehr wesentliche Initiativen voraus:

Karl Schubert und die Hilfsklasse an der Waldorfschule
Schon im Jahre 1922 wurde von Rudolf Steiner an der Stuttgarter Waldorfschule eine Hilfsklasse eingeführt, deren Führung er Dr. Karl Schubert übertrug.

Vermutlich waren mehrere altersorientierte Hilfsklassen vorgesehen, denn Rudolf Steiner äußerte sich während eines Vortrags in Oxford gegenüber seinen Zuhörern: «Nur für die allerschwächsten Schüler haben wir eine Hilfsklasse eingerichtet. Wir haben nur *eine* Hilfsklasse, in der wir die schwachen Schüler aller übrigen haben müssen, weil wir zu einer großen Anzahl von Hilfsklassen kein Geld haben.»[9]

Durch die Teilnahme Karl Schuberts am Heilpädagogischen Kurs 1924 wurde dieses Wirken in der Hilfsklasse der Waldorfschule in den heilpädagogischen Strom hineingestellt.

Karl Schubert (25. September 1889–3. Februar 1949)

Er gehörte zu den ersten Lehrern an der Stuttgarter Waldorfschule, in welcher er 1920 seine Tätigkeit als Sprachlehrer und Religionslehrer aufnahm. Schon in seinem zweiten Schuljahr wurde ihm von Rudolf Steiner die Betreuung der neugegründeten Hilfsklasse übergeben. Im Jahr 1924 nahm Karl Schubert am Heilpädagogischen Kurs teil.

Nach dem Verbot der Waldorfschule im März 1938 gelang es Karl Schubert, seine Klasse noch einige Zeit in einem Raum der Schule und danach über die Zeit des Krieges im Hause von Kühn-Lehrs in der Schellbergstraße weiter zu führen.

Aus dieser schwierigen Zeit gibt es folgende Anekdote: Karl Schubert war zur Adventsfeier 1943 im Institut Eckwälden und wollte bei dieser Gelegenheit gleich einen großen Sack voll Moos für sein Adventsgärtlein mit nach Stuttgart nehmen. In der Adventsnacht waren Bomben gefallen, die Verkehrswege unterbrochen, zudem war es kalt und eisig. So versuchte man ihn davon zu überzeugen, daß es wohl unmöglich wäre, mit einem riesigen Sack voll Moos Stuttgart zu erreichen. Aber für Karl Schubert gab es kein Hindernis, für seine Kinder machte er das Unmögliche möglich. Diese Durchhaltekraft führte wohl dazu, daß es im Kreis seiner Freunde hieß, er habe «die Waldorfpädagogik in seinem Rucksack durch die Verbotszeit getragen».

Als nach dem Krieg die Waldorfschule wieder eröffnet wurde, waren indessen so schwierige Kinder aufgenommen worden, daß sich die Hilfsklasse nicht mehr in den Rahmen dieser Schule eingliedern ließ.

So führte Karl Schubert seine Hilfsklasse im Kühnschen Hause weiter, bis er am 3. Februar 1949 nach kurzer, schwerer Krankheit starb. Diese Klasse gilt als die Wiege der heutigen Karl-Schubert-Schule für Seelenpflege-bedürftige Kinder in Stuttgart.

Aufnahme von entwicklungsgestörten Kindern im Klinisch-Therapeutischen Institut

Am 11. September 1923 wurde von Amerika aus das erste entwicklungsbehinderte Kind in das 1921 von Ita Wegman in Arlesheim gegründete Klinisch-Therapeutische Institut aufgenommen. Es war der elfjährige Sandroe, der nun hier gefördert werden sollte. Ihm folgten bald weitere heilpädagogisch zu betreuende Kinder. Da sich diese selbstverständlich nur schwer in den Rahmen einer Klinik mit erwachsenen Patienten einfügen ließen, wurden sie schon bald im Haus Holle untergebracht. Schnell wurde es jedoch dort zu eng, und es erfolgte bereits 1925 der Umzug in den größeren Sonnenhof. Der ehemalige Sury-Hof war ursprünglich als Dependance der Klinik für erwachsene Patienten gekauft worden.

Ita Wegman (22. Februar 1876–4. März 1943)

wurde als Holländerin in Holländisch-Indien geboren. Schon früh begann sie nach anderen Lebensinhalten zu suchen als jenen, welche sie im konventionellen, gesellschaftlichen Dasein ihrer Umgebung, dem Kolonialimperium, erlebte. In Berlin traf sie auf Rudolf Steiner, welcher damals Generalsekretär der Theosophischen Gesellschaft war. Als Ita Wegman sich schließlich für ein Medizinstudium entschloß, machte sie es auf Anraten Rudolf Steiners in der Schweiz.

Einige Jahre nach ihrem Studium gründete Ita Wegman am 8. Juni 1921 das Klinisch-Therapeutische Institut in Arlesheim. Durch die Aufnahme Seelenpflege-bedürftiger Kinder in ihre Klinik stand sie mit am Anfang der anthroposophisch-heilpädagogischen Bewegung. Auf der Weihnachtstagung 1923 wurde Ita Wegman von Rudolf Steiner zur Leiterin der neugegründeten Medizinischen Sektion berufen.

Nach Rudolf Steiners Tod wurde Ita Wegman zum Kopf der heilpädagogischen Bewegung und setzte sich sehr stark für eine Ausbreitung derselben ein. Ihr war es nach der Weihnachtsta-

gung von 1923 besonders wichtig, geistige Keime zu schaffen, um die Anthroposophie in die Welt ausstrahlen zu lassen. In ihrem Wirken stand ihr Werner Pache hilfreich zur Seite, welchen sie 1926 vom Lauenstein an den Sonnenhof geholt hatte. Viele Menschen kamen nach Arlesheim, um die anthroposophische Heilpädagogik und die anthroposophisch erweiterte Medizin kennenzulernen. Ita Wegman richtete Kurse ein, und es wurden Seminare und Tagungen veranstaltet.

Auf Initiative und unter starker Beteiligung von Ita Wegman wurde 1928 die Weltkonferenz der Anthroposophischen Gesellschaft in London veranstaltet. Hier sollten in den verschiedensten Fachgebieten die fruchtbaren Auswirkungen der Anthroposophie dargestellt werden. Eine weitere wichtige Initiative ging 1929 von ihr aus, als sie Dr. Rudolf Hauschka beauftragte, Heilmittel ohne Zusatz von Alkohol herzustellen.[10]

Eine lange, schwere Krankheit im Jahre 1934 führte bei Ita Wegman schließlich zu einer Veränderung ihres Wirkens. Waren noch die Jahre zuvor geprägt von einer starken Expansion der medizinischen und heilpädagogischen Bewegung, so folgte nun eine Intensivierung der Arbeit nach innen.

Anfang der dreißiger Jahre hatten die Spannungen in der Anthroposophischen Gesellschaft, die schon seit dem Tode Rudolf Steiners herrschten, massiv zugenommen. Diese führten schließlich so weit, daß im Jahre 1935 das eintrat, was schon lange befürchtet worden war: Ita Wegman wurde mit den ihr befreundeten Menschen aus der Anthroposophischen Gesellschaft ausgeschlossen. Dies führte auch zur Trennung der Klinik vom Goetheanum.

Jenes Ereignis hinderte allerdings Ita Wegman nicht, sich für die Weiterentwicklung der heilpädagogischen und medizinischen Bewegung auf anthroposophischer Grundlage einzusetzen. In den folgenden Jahren gelang unter anderem die Ausbreitung der Bewegung nach Frankreich. Auch kümmerte sie sich in der Schweiz um den Ausbau der heilpädagogischen Arbeit. So konnten 1936 im Tessin zwei Liegenschaften erworben werden: «La Motta» in Brissago und «Casa Andrea Christoforo» in Ascona.

Anfang September 1939 brach sich Ita Wegman den Unterarm. Dies nahm sie zum Anlaß, um aufgrund aller Erlebnisse der zurückliegenden Zeit die folgenden Jahre zurückgezogen, aber dennoch interessiert und beratend in den von ihr gegründeten Heimen im Tessin zu verbringen. Kurz vor ihrem Tod am 4. März 1943 erreichte sie durch einen letzten Einsatz, daß Werner Pache in die Schweiz eingebürgert wurde und somit nicht zum Kriegsdienst nach Deutschland eingezogen werden konnte.

Die Initiative der drei Studenten

Schließlich war da noch das gemeinsame Anliegen der drei Studenten Franz Löffler, Siegfried Pickert und Albrecht Strohschein. Sie hatten während der Weihnachtstagung 1923 in einem Gespräch mit Rudolf Steiner durch Fragen zur Arbeit mit ihren behinderten Schützlingen den auslösenden Impuls gegeben, welcher schließlich über die Gründung des Lauenstein zum Heilpädagogischen Kurs führte.

Albrecht Strohschein (3. Dezember 1899–1. Oktober 1962)

Er erlebte seine Kindheit in Lehrte, wo sein Vater als Eisenbahner tätig war. Nach dem Ersten Weltkrieg holte er das Abitur nach, doch gestatteten ihm die schwierigen Verhältnisse jener Zeit kein Studium. So mußte er vorübergehend in seinem alten Beruf kaufmännisch tätig werden.

Im Jahre 1919 lernte dann Albrecht Strohschein durch seinen Freund Rudolf Meyer, der später Priester der Christengemeinschaft wurde, die Geisteswissenschaft Rudolf Steiners kennen. Ein Treffen mit Stuttgarter Waldorflehrern führte zu einem interessierten Studium der pädagogischen Schriften Rudolf Steiners mit dem Ziel, sich auf eine Lehrertätigkeit an der Waldorfschule vorzubereiten. Später übernahm er in Bremen im

Hause des Großkaufmanns Schröder eine Hauslehrerstelle. Schon 1921 kam es beim ersten anthroposophischen Hochschulkurs in Stuttgart zu einer Begegnung zwischen Albrecht Strohschein und Siegfried Pickert. Eine weitere intensivere Begegnung zwischen beiden folgte dann im Oktober 1922 während des Pädagogischen Jugendkurses. Mit Aufnahme des Psychologiestudiums in Jena begann für Albrecht Strohschein ein neuer Abschnitt in seinem Leben. Hier arbeitete er innerhalb der anthroposophischen Jugendbewegung intensiv am Werk Rudolf Steiners.

Franz Löffler (22. November 1895–5. November 1956)

Er wurde im Banat, das damals noch zu Ungarn gehörte, in der Nähe von Tesevar als Sohn eines wohlhabenden, schwäbischen Bauerngeschlechts geboren. Den Ersten Weltkrieg erlebte er als Freiwilliger bei den Honved-Husaren. In auswegloser Lage führte sein persönlicher Entschluß, nach vorne durchzubrechen, zu einem größeren taktischen Erfolg, wofür ihm der höchste militärische Tapferkeitsorden verliehen wurde. Wichtig war ihm dies allerdings nie, denn selbst die besten Freunde erfuhren lange Jahre nichts davon. Später geriet Franz Löffler in russische Kriegsgefangenschaft nach Sibirien. Mit einigen Kameraden auf der Flucht von Kosaken aufgegriffen, zusammengeschlagen und in Dunkelhaft gesteckt, wurde er am Rande des Todes durch den «Engel von Sibirien»[11] gerettet und in ein Lazarett des Roten Kreuzes gebracht. Dort bekam er zum erstenmal Kontakt mit der Geisteswissenschaft Rudolf Steiners: In einer Büchersendung des Roten Kreuzes befand sich jene Schrift, in welcher Rudolf Steiner sich trotz seiner anderen weltanschaulichen Ansichten sehr für Ernst Haeckel einsetzte. Diese muß bei Franz Löffler einen bleibenden Eindruck hinterlassen haben, denn es entstand bei ihm der Wunsch, beide einmal kennenzulernen. Den Beginn der bolschewistischen Revolution erlebte er in Moskau. Es folgte eine lange Wanderung durch das weite rus-

sische Land zurück in seine Heimat, welche aber inzwischen rumänisch geworden war. Sein starker Einsatz für das bedrohte deutsche Volkstum wurde mit einer plötzlichen Ausweisung bestraft. Nach vielen Jahren der Heimatlosigkeit kam er schließlich in Jena mit der anthroposophischen Jugendbewegung in Berührung und traf dort auch auf Albrecht Strohschein und Siegfried Pickert. In jenem Kreis wurden – kritisch-besonnen – die grundlegenden Schriften Rudolf Steiners studiert.

Siegfried Pickert (Geboren am 3. Juni 1898)

Er wuchs in Glogau (Schlesien) auf. Sein Vater war dort Militärpfarrer und hatte während des Ersten Weltkrieges das Oberkommando über den Einsatz von Pflegern und Seelsorgern in den Lazaretten. In dieser Zeit bekam der junge Siegfried Pikkert ein Gespräch mit, in welchem ein Pfleger seinen Vater fragte, ob er Rudolf Steiner kenne. Dieser habe die Grenze zwischen Wissen und Glauben überwunden.

Als nun Siegfried Pickert Anfang der zwanziger Jahre nach Jena kam, um dort sein Studium aufzunehmen, traf er vor der Universität einen ehemaligen Klassenkameraden. Dieser erzählte ihm, daß der Zweigleiter der Anthroposophischen Gesellschaft an der Volkshochschule Vorträge über Anthroposophie halten würde, welche viel interessanter wären als das Studium an der Hochschule. Siegfried Pickerts erste Begegnung mit Rudolf Steiner selber fand dann am 16. März 1921 beim ersten anthroposophischen Hochschulkurs in Stuttgart statt. Hier entstand in ihm der feste Entschluß, am Lebenswerk Rudolf Steiners mitwirken zu wollen, wenn ihm auch noch nicht deutlich war, wie. Bei diesem Kurs traf er auch das erstemal Albrecht Strohschein. Zu einer wesentlich intensiveren Begegnung zwischen beiden kam es dann ein Jahr später beim «Pädagogischen Jugendkurs» im Oktober 1922. Siegfried Pickert empfand es als ein einmaliges Ereignis, wie Rudolf Steiner und seine Frau Marie in diesem Kurs auf die Fragen der jungen Menschen eingingen.

Heute ist Siegfried Pickert der einzige der drei «Urheilpädagogen», welcher, inzwischen über 95 Jahre alt, noch lebt. Er wohnt in Schloß Hamborn und damit an dem Ort, an welchem Anfang der dreißiger Jahre vom Lauenstein ausgehend unter seiner Leitung ein weiteres Institut entstanden war. In verschiedenen Vorträgen und Publikationen erzählt er vom Beginn der heilpädagogischen Bewegung und vermittelt damit ein aufschlußreiches Bild dieser Zeit.

Die Berichte Siegfried Pickerts zu den Anfangsjahren der heilpädagogischen Bewegung[12] bieten eine gute Grundlage, die Motivation der jungen Studenten zu verstehen, im Sinne des anthroposophischen Impulses tätig werden zu wollen.

Die Begeisterung dreier junger Studenten an der Anthroposophie

In einem seiner Vorträge erzählt Siegfried Pickert von dem für ihn und seine Freunde einmaligen Erlebnis der Teilnahme am Pädagogischen Jugendkurs im Oktober 1922 in Stuttgart. Dort wurden nicht nur Vorträge gehalten. Jeden Tag gab es im Zusammenwirken von Rudolf und Marie Steiner auch Kurse in Eurythmie und Sprachgestaltung. Rudolf Steiner ließ diese Veranstaltung im letzten Vortrag mit dem gewaltigen Bild Michaels, der den Drachen besiegt, ausklingen. Er rief die jungen Menschen auf: «Mehr als mit allen theoretischen Grundsätzen ist für die Erziehungskunst getan, wenn dasjenige, was wir in uns aufnehmen, so wirkt, daß wir uns als Bundesgenossen Michaels fühlen, des auf die Erde hereinfahrenden Geisteswesens, dem wir das Fahrzeug bereiten durch eine lebendige, künstlerisch geführte Erziehung der Jugend.»[13] Jenes Erlebnis festigte bei Siegfried Pickert und seinen Freunden den Entschluß, im Sinne des anthroposophischen Impulses tätig werden zu wollen.

Einige Wochen später brannte das Goetheanum. Viele junge Menschen fühlten sich durch diese furchtbare Katastrophe aufgerufen zum restlosen Einsatz für Rudolf Steiner und das, was er der Menschheit vermitteln sollte. Dies führte auch bei den Studenten aus Jena zu dem Anliegen, sich noch tiefer mit der Anthroposophie verbinden zu wollen. Ihr Interesse galt der Eurythmie, der Sprachgestaltung und auch den pädagogischen Fragen, um zu gegebener Zeit, «wenn das Schicksal es so wollte», einen Beruf im Zusammenhang mit der Anthroposophie ergreifen zu können. Zunächst aber fanden sie sich in Dornach ein, um gemeinsam an der Bewachung dessen, was nach dem Brand des Goetheanum noch übrig geblieben war, teilzunehmen. Auch bot dies die Gelegenheit zur Teilnahme an den Vorträgen und zum gemeinsamen Studium der Anthroposophie.

Anwerbung zur Mitarbeit in Trüpers Erziehungsheim

Im Herbst 1923 kamen dann einige Ereignisse zusammen. Mit Sandroe wurde im September das erste heilpädagogisch zu betreuende Kind im Klinisch-Therapeutischen Institut in Arlesheim aufgenommen. Weiter erhielt Albrecht Strohschein während seiner Wache in Dornach einen Brief von Änne Trüper (sie sollte später Franz Löfflers Frau werden) aus Jena: Ihr Vater Johannes Trüper, der pädagogisch besonders begabte Gründer des Jugendsanatoriums «Sophienhöhe» in Jena, einer heilpädagogischen Anstalt mit internationalem Ruf, war verstorben und in seiner Nachfolge ein gewisses Vakuum eingetreten. Sie stellte die Frage, ob er nicht Menschen kenne, welche sich in der Anstalt im Sinne der Waldorfpädagogik betätigen wollten.

Vor allem Siegfried Pickert und Franz Löffler hatten sofort Interesse, standen aber noch mitten im Studium und waren damit eigentlich nicht weit genug auf eine solche Aufgabe vorbereitet. Immerhin hatten sie sich in Kursen schon einige Kenntnisse in Eurythmie, Sprachgestaltung, Malen, Zeichnen und Märchenerzählen angeeignet. Man wollte ihnen dennoch völlige Handlungsfreiheit gewähren.

Die Arbeit in Trüpers Erziehungsheim

So kam es in Folge dieses Briefes schließlich dazu, daß Siegfried Pickert am 1. Oktober 1923 im Jugendsanatorium «Sophienhöhe» seine Arbeit aufnahm. Dem Direktor allerdings war es doch ein wenig mulmig zumute, daß nun ein «Anthroposoph» in der Einrichtung arbeiten sollte. Dies führte dazu, daß Siegfried Pickert in die Abteilung der hoffnungslosen Fälle eingeteilt wurde, wo er nun das anzuwenden versuchte, was er sich aus der Anthroposophie heraus schon erarbeitet hatte. Das Schicksal meinte es gut, denn hier konnte ja alles nur noch besser und jede positive Veränderung bei den Kindern als eigener Erfolg geschätzt werden.

Die nun begonnene Arbeit begann bald Früchte zu tragen: In der Pfleglingsgruppe waren drei Kinder polnischer Abstammung. Da war es ein besonders glücklicher Umstand, daß Siegfried Pickert während seines Germanistikstudiums einige Jahre in Polen studiert hatte. Die dort gewonnene Kenntnis der Sprache verhalf ihm schnell, eine Beziehung zu jenen besonders schwierigen Kindern zu finden. Dies ging so weit, daß eines sogar anfing zu schreiben. Nach diesem Erfolg wurde Siegfried Pickert vom Direktor gefragt, ob er nicht noch jemanden kenne, der ähnlich arbeiten könnte. So kam es, daß ein Monat später auch Franz Löffler auf die «Sophienhöhe» kam und sogar «eine Stufe höher» eingestuft wurde, das heißt, er mußte nicht mehr zu den «Hoffnungslosen».

In der Zwischenzeit war auch Albrecht Strohschein wieder nach Jena zurückgekehrt, um seine Studien in Psychologie aufzunehmen. Außerdem war er hier leitend in der anthroposophischen Jugendarbeit tätig. Häufig besuchte er seine beiden Freunde, und es herrschte unter ihnen ein intensiver Austausch über die zu betreuenden Kinder.

Im Dezember 1923 fuhren die drei Freunde in Begleitung von Dr. Ilse Knauer mit einer Fülle von Fragen zur Weihnachtstagung nach Dornach. Sie waren voller Hoffnung, sich dort mit Rudolf Steiner besprechen zu können.

Das Gespräch jener drei Freunde mit Rudolf Steiner an der Weihnachtstagung 1923

Während der Tagung kam es schließlich zu jenem wichtigen Gespräch im Atelier, wo die drei Freunde von ihrer Arbeit berichten und ihre Fragen stellen konnten. Dieses Gespräch dauerte schließlich nur eine gute viertel Stunde.[14]

Drei wichtige Motive kann man in diesem Gespräch erkennen. Zuerst wurden die drei jungen Menschen von Rudolf Steiner aufgefordert, mit Dr. Ita Wegman Kontakt aufzunehmen. Sie war zur Leiterin der während der Weihnachtstagung neu gegründeten Medizinischen Sektion berufen worden und hatte kurz zuvor im Klinisch-Therapeutischen Institut in Arlesheim mit der Behandlung abnormer Kinder begonnen. Als nächstes erteilte Rudolf Steiner in wenigen Sätzen praktische Ratschläge für die Arbeit und die medikamentöse Behandlung der Kinder. Zum dritten wichtigen Motiv berichtete Siegfried Pickert dann folgendes: «Ich kann es nur so schildern und erzählen, wie es in meiner Erinnerung lebt. Es liegt in der Sache, daß über ein halbes Jahrhundert hin die Erinnerungen ein wenig variieren.[15] – Da war es ein wichtiger Augenblick, als aus tiefstem Herzensgrund, (...) so wie Franz Löffler das konnte, (...) die Frage hervorbrach: Herr Doktor, wie ist es mit dem Schicksal solcher Kinder überhaupt?»[16] Rudolf Steiner erzählte nun von seinen Erlebnissen in der Stuttgarter Hilfsklasse: Man könne dort sehen, wie für ein nächstes Erdenleben gearbeitet wird, ganz abgesehen davon, was jetzt erreicht werden könne. Nach seiner Forschung sei «fast jedes Genie in einem seiner früheren Leben durch so ein Trotteldasein gegangen». Und er fügte folgende Übung hinzu: «Bemühen Sie sich, in imaginativer Vorstellung das zu vollziehen, was diese Individualität bei ihrer Verkörperung nicht hat vollziehen können, versuchen Sie sich eine Vorstellung zu bilden, wie die Individualität in das Haupt, in das Gehirn hineinwirkt und von da aus in das Herz und von da aus den ganzen Menschen erfüllt. Tun Sie das bildhaft imaginativ vollziehen.»[17] Zum Abschluß des Gesprächs verabschiedete sich Rudolf Steiner dann mit den Worten: «Hoffentlich habe ich einmal Gelegenheit, ihnen an Ort und Stelle mit Rat zu dienen.»[18]

Es war interessant, daß Rudolf Steiner die drei Freunde aufforderte, Kontakt zur Medizinischen Sektion aufzunehmen, und damit die Weichen der zukünftigen Heilpädagogik in eine ganz andere Richtung stellte als die der Waldorfpädagogik. Für die Freunde aber führte dies dazu, daß sie gleich Anfang Januar 1924 am ersten Jungmedizinerkurs teilnehmen durften. Die Bedeutung dieser einmaligen Gelegenheit wird einem heute erst bewußt, wenn man weiß, wie streng Rudolf Steiner mit der Erlaubnis zur Teilnahme an diesem Kurs umging.

Nach dem Kurs kehrten die drei Freunde voller Initiative nach Jena zurück. Mit großem Einsatz wurde versucht, die von Rudolf Steiner während ihres Gesprächs erhaltenen Ratschläge zu verwirklichen. Bald darauf zeigten sich trotz der Hoffnungslosigkeit der zu betreuenden Fälle weitere schöne Erfolge. Die Praktiker waren voller Anerkennung, aber bei den Medizinern regte sich langsam Widerstand. Sie wollten verhindern, daß sich außerhalb ihrer Einflußsphäre etwas anderes entwickeln konnte. Zudem stand Rudolf Steiner in dieser Zeit vor allem von Seiten der akademischen Kreise sehr im Kreuzfeuer der Kritik.

Bruch mit der Arbeit in Trüpers Erziehungsheim

Schließlich traf die jungen Heilpädagogen ein «Donnerschlag».[19] Sie wollten den Schularzt der Waldorfschule in Stuttgart, Dr. Eugen Kolisko, gewinnen, damit er die betreuten Kinder anschaue. Sie wollten seine Erfahrungen aus der Zusammenarbeit mit Rudolf Steiner an der Waldorfschule für die Arbeit in der Anstalt fruchtbar machen. Sie waren sogar bereit, die Kosten dafür persönlich zu tragen. Auch wenn der Direktor noch von dieser Idee überzeugt werden konnte und zustimmte, so wurde diese dann doch von den Herren der medizinischen Fakultät völlig abgelehnt.

Für Siegfried Pickert und Franz Löffler wurde nun klar, «daß man den jungen Wein nicht in den alten Schläuchen bewahren konnte»[20]. Ein viertel Jahr nach Beginn der Arbeit war es für sie unmöglich geworden, weiter in der Anstalt zu wirken. Nach vierzehn Tagen hatten sie gekündigt und waren bereit, etwas Neues zu beginnen.

Gründungsinitiative Lauenstein

In dieser Situation wurde den drei jungen Menschen, trotz der damaligen Wohnungsnot, durch Vermittlung der Familie Knauer ein recht heruntergewirtschaftetes Haus am Stadtrand von Jena vermittelt. Hier bestand die Möglichkeit, ein kleines

Heim einzurichten, wenn sich die finanziellen Mittel finden ließen.

Mit der Frage, wie es weitergehen sollte, denn keiner der drei Freunde hatte ja ein Examen, wurde Albrecht Strohschein zu Rudolf Steiner nach Stuttgart geschickt. Er sollte die neue Situation schildern und Rat holen. Die Antwort von Rudolf Steiner war sinngemäß folgende: «Wenn sie das physisch auf die Beine bringen, wird sich schon eine Form des Zusammenarbeitens und eine Möglichkeit des Anschließens an die Impulse des Goetheanum finden lassen.» Auf die Frage nach der wirtschaftlichen Situation bekam Albrecht Strohschein die Antwort: «Auf die wirtschaftlichen Verhältnisse dürfen sie keine Rücksicht nehmen.»[21] Diese Aussage kann heute sicher nicht verallgemeinert werden, aber für jene Situation sollte sie Gültigkeit haben.

Mit diesem Bescheid kam nun Albrecht Strohschein nach Jena zurück. In seiner Studentenbude wurde schließlich beschlossen, den Anfang zu wagen und das heilpädagogische Institut «Lauenstein» zu begründen.

Die Voraussetzungen dazu waren allerdings denkbar schlecht. Man hatte zwar das nahezu leere, reparaturbedürftige Haus, aber kein Geld, keine Kinder, keine Abschlüsse, keine Referenzen und dergleichen. Doch das Interesse Rudolf Steiners an jenen Bemühungen führte dazu, daß auch Interesse an anderen Stellen geweckt wurde. Auf inständiges Bitten konnte bald Emil Molt gewonnen werden, der die Initiative mit einer Spende von tausend Mark unterstützte, was der Miete für das erste Quartal entsprach. Das war ein beachtlicher Betrag, wenn man bedenkt, daß dies die Zeit der Währungsreform war und die Waldorfschule selbst in größten finanziellen Schwierigkeiten steckte. Weiter stellte die Freie Anthroposophische Gesellschaft einen Leihbetrag zur Verfügung und die Philanthropische Gesellschaft in Hamburg spendete, als deren Begründer Louis Werbeck von der Gründung des Lauenstein hörte, einen laufenden Zuschuß und eine Fülle von Haushaltsgegenständen. Schließlich wurden von verschiedenen Freunden Möbel überlassen.[22] Die ersten Eltern meldeten Interesse an, ihre Sorgenkinder jener Initiative anvertrauen zu wollen.

Bericht an Rudolf Steiner über den Fortgang der Initiative

Im Frühjahr 1924 ging es dann zur Ostertagung nach Dornach, auf welcher die drei Freunde am zweiten Kurs für die Jungmediziner teilnehmen durften. Mit dem neu entworfenen Prospekt des «Heil- und Erziehungsinstituts für Seelenpflege-bedürftige Kinder Lauenstein» saßen sie vor der Tür der Schreinerei, um das Gespräch mit Rudolf Steiner zu erwarten. Sie wollten über den Fortgang berichten und mitteilen, daß die erste Grundlage für ein eigenes Arbeiten geschaffen sei. Im folgenden Gespräch versprach Rudolf Steiner: «Ich werde sie besuchen und einen Kurs halten.»[23] Den Termin setzte er auf die Zeit nach der Rückkehr vom Landwirtschaftlichen Kurs Mitte Juni 1924 fest.

Beginn der Arbeit auf dem Lauenstein

Am 1. Mai 1924 konnte der Lauenstein endlich übernommen werden. Beglückt und beflügelt wurde nun gearbeitet. Die Räume wurden nach den Angaben Rudolf Steiners gestrichen und der total verwilderte Garten einigermaßen in Ordnung gebracht.

Als Vierter im Bunde war inzwischen Werner Pache hinzugekommen. Die drei Freunde trafen ihn, nachdem sie jenes Gespräch mit Rudolf Steiner während der Weihnachtstagung gehabt hatten, und berichteten ihm voller Begeisterung.

Schließlich konnten sie ihn für ihr neues Projekt Lauenstein gewinnen. Er kümmerte sich insbesondere um den verwilderten Garten. Dies verhalf ihm dann zu der Erlaubnis, am Landwirtschaftlichen Kurs teilzunehmen. Es sollte ein kleiner Ausgleich dafür sein, daß er als jüngster die drei «Urheilpädagogen» auf dem Lauenstein vertreten mußte, während diese zum Heilpädagogischen Kurs nach Dornach gereist waren.

Kurze Zeit später kamen weitere Mitarbeiter hinzu: So konnte als Institutsärztin Dr. Ilse Knauer gewonnen werden. Es war ein großes Glück, daß in der Folge jenes völlig unzulängliche Haus durch die Medizinalbehörde als Privatkrankenanstalt und sie als leitende Ärztin anerkannt wurden. Hausmutter wurde Schwester Grete Becker, welche später Dr. Heinrich Hardt heiratete. Beide führten den «Lauenstein», der allerdings nach einigen Jahren, seinen Namen behaltend, nach Altefelde und dann noch einmal nach Seewalde umgezogen war, 25 Jahre lang. Dann mußten am 1. Mai 1949, veranlaßt von den neuen Machthabern in der damaligen Ostzone, seine Tore geschlossen werden.

Rudolf Steiner besucht den Lauenstein

In der Nacht vom 17. auf den 18. Juni kam nun Rudolf Steiner in Begleitung von Dr. Elisabeth Vreede und Dr. Guenther Wachsmuth direkt vom Landwirtschaftlichen Kurs aus Koberwitz nach Jena. Die Gäste waren in einem Hotel untergebracht, welches sich rühmte, auch schon Martin Luther und Bismarck beherbergt zu haben.

Am nächsten Morgen, es war ein strahlender Sommertag, kam Rudolf Steiner mit seinen Begleitern zum Lauenstein gefahren und wurde von den Mitarbeitern und den neun Kindern empfangen. Dann fand im Empfangszimmer die Vorstellung der Kinder statt. Hierbei entstand jene Anekdote, wie

Rudolf Steiner auf den eigens für ihn ausgeliehenen Sessel sofort jemand anderen plazierte, um danach auf einem gewöhnlichen Stuhl Platz zu nehmen. Nach der Kindervorstellung gab es einen Rundgang durch das Haus und das Gelände. Im Anschluß daran wurde mit den Gästen, den Mitarbeitern und den Kindern gemeinsam zu Mittag gegessen. Am Nachmittag gab Rudolf Steiner noch viele praktische Ratschläge, bevor er am Abend weiterreiste.

Schon einige Tage später traf man sich in Dornach, um am Heilpädagogischen Kurs teilzunehmen.

Die vollständige Anerkennung des Lauenstein

Bei seinem Besuch auf dem Lauenstein hatte Rudolf Steiner die jungen Heilpädagogen darauf hingewiesen, daß zur vollständigen Anerkennung mindestens einer der Mitarbeiter noch das Lehrerexamen ablegen müsse, auch wenn man von Prüfungen «zapplig» wird. Er meinte, daß hier selbstverständlich der Gesetzgebung nachgegeben werden muß und einem nichts anderes übrigbleibt, als sich nach dem Examen die «Zappligkeit» wieder abzugewöhnen.[24] In dieser Situation kam nun den Freunden eine Gesetzeslücke entgegen: Es gab die Möglichkeit, sich direkt zum Lehrerexamen anzumelden, wenn man mindestens sechs Semester studiert hatte. Auf den Rat von Rektor Bartsch in Breslau hin, der diese Schliche kannte, wurde dieser Weg beschritten. Am 22. März 1925 war es endlich soweit: Es konnte im Mitteilungsblatt der Allgemeinen Anthroposophischen Gesellschaft bekanntgegeben werden, daß das «Heil- und Erziehungsinstitut für Seelenpflegebedürftige Kinder Lauenstein» medizinisch und schulisch voll anerkannt sei.

Es muß ein schwerer Schlag gewesen sein, als acht Tage später die Nachricht vom Tod Rudolf Steiners eintraf. Siegfried Pickert beschreibt, wie es in der Folge Ita Wegman zu verdanken ist, daß sich die heilpädagogische Arbeit trotzdem so fruchtbar weiterentwickeln und ausbreiten konnte. Bald besuchte sie für mehrere Tage den Lauenstein und gab viele hilfreiche Ratschläge. Sie war es auch, welche den Kultus der bis dahin nur an der Stuttgarter Waldorfschule gehaltenen Sonntagshandlung auf den Lauenstein brachte.

Heilpädagogischer Kurs

Der Heilpädagogische Kurs fand vom 25. Juni bis zum 7. Juli 1924 zu früher Morgenstunde im Saal der Schreinerei statt. Neben vielen Gesprächen hielt Rudolf Steiner zur gleichen Zeit insbesondere den Lauteurythmiekurs, die Karmavorträge und im Rahmen der Hochschule Klassenstunden.

Anwesend im Kurs waren der Vorstand des Goetheanum, die Ärzte der Klinik von Ita Wegman, die drei jungen werdenden Heilpädagogen, von denen der älteste gerade die Grenze des vierten Lebensjahrsiebts überschritten hatte, Karl Schubert, der Leiter der Hilfsklasse an der Waldorfschule in Stuttgart, und weitere von Rudolf Steiner eingeladene Menschen, insgesamt etwa zweiundzwanzig Zuhörer. Rudolf Steiner selbst hatte die Teilnahme eines Stenografen abgelehnt. Drei der Teilnehmer machten Notizen, um im Anschluß gemeinsam eine Nachschrift zu verfassen. Da die Originalmitschriften der Teilnehmer nicht mehr vorhanden sind, ist diese heute die einzige Grundlage für die Herausgabe der Kursvorträge.[25]

Überblick über den Heilpädagogischen Kurs

Die eigentliche Voraussetzung zur Teilnahme am Kurs beschreibt Rudolf Steiner gleich zu Anfang: «Es ist ja natürlich, daß vorangehen soll bei jedem, der unvollständig entwickelte Kinder erziehen will, eine Erkenntnis, eine wirklich eindringliche Erkenntnis der Erziehungspraxis für gesunde Kinder. (...) Denn man muß sich ganz klar darüber sein, daß all dasjenige, was eigentlich bei unvollständig entwickelten Kindern, bei krankhaften Kindern auftreten kann, in intimerer Art auch im sogenannten normalen Seelenleben bemerkbar ist, ... irgendwo in einer Ecke sitzt bei jedem Menschen im Seelenleben zunächst eine sogenannte Unnormalität.»[26]

In den ersten fünf Vorträgen gibt Rudolf Steiner zuerst eine grundlegende Darstellung über die Entwicklung des Menschen, den Aufbau seiner Wesenheit sowie die Entstehung und Bedeutung einer Behinderung. Hierbei steht zentral der Gedanke der Reinkarnation in Zusammenhang mit der Frage nach dem Schicksal der sogenannten behinderten Kinder. Weiter stellt Rudolf Steiner drei Krankheitsbilderpaare gegenüber: Epilepsie – Hysterie, Maniakalie – Schwachsinn und Schwefelreichtum – Schwefelarmut. An verschiedenen Stellen kommt zum Ausdruck, wie Arzt und Heilpädagoge gemeinsam sich um die Förderung eines Kindes mühen müssen.

In weiteren sieben Vorträgen finden wir dann die Vorstellung der fünfzehn Seelenpflege-bedürftigen Kinder, welche zu jener Zeit im Klinisch-Therapeutischen Institut und auf dem Lauenstein betreut wurden. Siegfried Pickert berichtet, wie Rudolf Steiner selbst letztere, trotz des nur kurzen Besuchs auf dem Lauenstein, ohne Notizunterlagen bis in kleine charakteristische Einzelheiten vorstellen konnte. Als Beispiel sei erwähnt, wie er den Namen eines Jungen niederschrieb, genau mit dessen charakteristischen Zügen in der Handschrift. Zwischen den Kindervorstellungen finden wir wichtige pädagogische Hinweise. Auch wird dort neben anderen die zentrale Übung für den anthroposophischen Heilpädagogen, die sogenannte Punkt-Kreis-Meditation beschrieben. Im letzten Vortrag weist Rudolf Steiner schließlich darauf hin, wie die Waldorfpädagogik über das Medizinische eine Vertiefung hin zu den Erziehungsmethoden der Heilpädagogik erfährt.

Zum allgemeinen Verständnis des Kurses muß erwähnt werden, daß es Rudolf Steiner in seiner immer wieder auftretenden Kritik an der naturwissenschaftlichen Medizin und Psychologie weniger um deren Inhalt als um die einseitige Darstellung und Deutung von Beobachtungen ging. So sah er in der anthroposophischen Menschenkunde die Möglichkeit einer erweiterten Betrachtung der naturwissenschaftlichen Forschungsergebnisse.

Auch muß beim heutigen Studium des Kurses berücksichtigt werden, daß es sich, wie oben erwähnt, nicht um eine Originalmitschrift handelt. Es kann damit die Gefahr kleiner Übertragungsfehler nicht völlig ausgeschlossen werden.

Des weiteren orientiert sich die Betrachtung der einzelnen Krankheitsbilder im Rahmen der Kinderbesprechungen an denjenigen Kindern, welche gerade im Klinisch-Therapeutischen Institut und im Lauenstein betreut wurden. Es fand also während des Kurses keine vollständige Besprechung *aller* Krankheitsbilder statt. In dieser Richtung können wir auch Rudolf Steiners Hinweis verstehen, daß seine Ausführungen allenfalls als ein Beginn zu betrachten sind.

Neben den heilpädagogischen und therapeutischen Angaben kommt der menschenkundlichen Einsicht in Fehlentwicklungen im *Gesamtgefüge des Menschen* besondere Bedeutung zu. Ebenso wichtig aber ist auch der Hinweis auf die Notwendigkeit einer Selbsterziehung des Heilpädagogen, um im Sinne des «Pädagogischen Gesetzes»[27] heilend wirken zu können.

Im Jahr 1954 wird zum erstenmal eine überarbeitete Auflage des Heilpädagogischen Kurses im Rahmen der Gesamtausgabe (GA 317) der Rudolf Steiner-Nachlaßverwaltung herausgegeben. Im September des gleichen Jahres erscheint auch die erste Ausgabe dieses Kurses in englischer Sprache.

Erste Ausbreitung der heilpädagogischen Bewegung

Von Anfang an war die Ausbreitung des neuen heilpädagogischen Impulses eng mit der Persönlichkeit Ita Wegmans verbunden. Sie wurde nach dem Tod Rudolf Steiners im März 1925 zum Mittelpunkt der noch jungen heilpädagogischen Bewegung und sah in der Neugründung von Heimen ein Schaffen geistiger Keime, welche nach der Weihnachtstagung von 1923 die Anthroposophie in die ganze Welt ausstrahlen lassen sollten. Ita Wegman beriet neue Initiativen, verhandelte mit Behörden, half mit, die nötigen Finanzen aufzutreiben, reiste, um geeignete Plätze zu finden und so weiter. Auch konnte sie in ihrer begeisternden Art Menschen für die Arbeit in der Heilpädagogik gewinnen und sie mit den richtigen Aufgaben betrauen. Welche Bedeutung Ita Wegman in der heilpädagogischen Bewegung hatte, läßt sich darin erkennen, daß man für die Einstellung eines neuen Mitarbeiters im 1929 gegründeten Institut Schloß Mühlhausen von ihr die Genehmigung einholte.[28] Ein besonders hilfreicher Mitarbeiter wurde ihr Werner Pache, den sie 1926 vom Lauenstein an den Sonnenhof geholt hatte. Er war es auch, der sich nach dem Tod Ita Wegmans und nach Ende des Zweiten Weltkrieges sehr dafür einsetzte, die Zerrüttungen der dreißiger Jahre zwischen der heilpädagogischen Bewegung und der Anthroposophischen Gesellschaft zu überwinden und neue, gemeinsame Wege zu suchen.

Werner Pache (3. September 1903–23. Mai 1958)

Er wurde in Glogau (Schlesien) als Sohn einer Lehrerfamilie geboren. Aus seiner Schulzeit wird berichtet, daß ein Schulkamerad seines älteren Bruders Siegfried Pickert war. Später studierte er sechs Semester Mathematik und Physik in Berlin und Jena.

Schon 1921 hatte Werner Pache von der Anthroposophie gehört und daraufhin am anthroposophischen Hochschulkurs in Stuttgart teilgenommen. Für seine weitere Betätigungsrichtung entscheidend war aber erst der Bericht von Albrecht Strohschein, Franz Löffler und Siegfried Pickert über ihr Gespräch mit Rudolf Steiner während der Weihnachtstagung 1923. Er brach kurzerhand das Studium ab und entschloß sich zur Mitarbeit auf dem Lauenstein.

Während die anderen zum Heilpädagogischen Kurs nach Dornach gefahren waren, mußte Werner Pache als jüngster Mitarbeiter auf dem Lauenstein die Kinder hüten. Da er aber die Pflege des Gartens übernommen hatte, war ihm zum Ausgleich die Teilnahme am Landwirtschaftlichen Kurs ermöglicht worden, welchen Rudolf Steiner direkt zuvor in Koberwitz gehalten hatte.

Später holte er das Lehrerexamen nach und wurde 1926 von Ita Wegman an den Sonnenhof nach Arlesheim gerufen, wo er bis zu seinem Tod im Jahre 1958 wirkte. Hier begegnete er auch der Ärztin und Heileurythmistin Julia Bort, seiner späteren Lebensgefährtin, welche die medizinische Betreuung der Sonnenhofkinder übernommen hatte. Über die Mitarbeit im Sonnenhof hinaus entfaltete er in der Zusammenarbeit mit Ita Wegman eine reiche Kurs- und Vortragstätigkeit und begleitete sie auf zahlreichen Reisen.

Während des Zweiten Weltkriegs stellte sich für Werner Pache immer stärker die Frage, wie er sich der drohenden Einziehung zur deutschen Wehrmacht entziehen könne. Nachdem diese an Weihnachten 1942 auch tatsächlich eintraf, setzte sich Ita Wegman noch einmal intensiv für ihn ein, bevor sie dann im

Frühjahr 1943 starb. Unmittelbar nach ihrem Tod erhielt Werner Pache die Schweizer Staatsbürgerschaft.

Nach dem Krieg war Werner Pache sehr bemüht, über die Grenze nach Deutschland hinweg die Not der Freunde zu lindern, indem er sie im Rahmen der offiziellen Schweizerhilfe mit dem Notwendigsten an Lebensmitteln und Kleidern versorgte. Als weiteres Anliegen verfolgte er die Überwindung der immer noch anhaltenden Gegensätze in der Anthroposophischen Gesellschaft. Diese hatten ja 1935 durch die Ausschlüsse verschiedener Mitglieder zur Trennung der heilpädagogischen Bewegung von der Gesellschaft geführt. Wenn Werner Pache in seinen Bemühungen sicher nicht alleine war, so war er doch maßgeblich bei der Begründung des «Scheveninger Kreises» im Jahre 1956 beteiligt, der sich zur Aufgabe gestellt hatte, die alten Gegensätze zu beenden. Leider konnte er die Früchte dieser Arbeit, welche zum Beispiel 1960 den Wiederanschluß der Holländischen Landesgesellschaft an die Dornacher Gesellschaft zur Folge hatte, nicht mehr erleben. Ebenfalls 1956 erschien in dem von ihm angeregten Buch «Heilende Erziehung»[29] sein einziger schriftlicher Beitrag zur Heilpädagogik. Schließlich hatte sich Werner Pache sehr um die Organisation der heilpädagogischen Tagungen verdient gemacht. Als er am 23. Mai 1958 starb, hinterließ er eine große Lücke in der heilpädagogischen Bewegung.

Der Lauenstein als Keimzelle für weitere Institute

Nach kurzer Zeit schon wurde der Lauenstein zu klein, und es mußten neue Wirkensstätten gefunden werden. Wenn auch diese Aufgabe stets gemeinsam in intensiver Zusammenarbeit mit Ita Wegman bewältigt wurde, ist die Ausbreitung der Bewegung eng mit den Persönlichkeiten jener drei «Urheilpädagogen» verbunden.

Franz Löffler verließ, nachdem er zwischendurch für kurze Zeit im Sonnenhof gearbeitet hatte, als erster Mitarbeiter den sich rasch füllenden Lauenstein und zog mit einer Schar von Kindern nach Jena-Zwätzen in das «Haus Bernhard». Dieses war von einem pädagogisch sehr interessierten Oberstleutnant, zugleich Zweigleiter in Jena, für soziale Zwecke gebaut und jetzt zur Verfügung gestellt worden. Als später wieder einmal kein Platz mehr für die rasch wachsende Kinderschar war, gründete man 1929 das Institut Gerswalde in der Uckermark bei Templin, welches Franz Löffler mit einer ganzen Anzahl von Kindern ein neues Arbeitsfeld bot.

Durch starken Einsatz und mutiges Entgegentreten gegen die politischen Machthaber des Dritten Reiches gelang es ihm, daß der Lebensbereich im Heim im wesentlichen unangetastet blieb. So wurde am Ende des Krieges das Institut Gerswalde zunächst zu einem Zufluchtsort für die in alle Richtungen verstreuten Heilpädagogen.

Nach kurzem erneutem Aufblühen der Arbeit wurde das Heim allerdings von den neuen Machthabern in der damaligen Ostzone geschlossen und Franz Löffler verhaftet. In dieser schweren Zeit im Gefängnis kümmerte er sich besonders um einige in einer Massenzelle inhaftierte Jugendliche.

Nach der Entlassung gründete Franz Löffler im Westteil der Stadt Berlin neue Einrichtungen: die Häuser Kolisko und Heidebrand. Im Frühjahr 1956 reiste er nach Arlesheim, um Beratung über den Fortgang der heilpädagogischen Arbeit zu pflegen. Dort wurde er schwer krank, mußte in die Klinik und starb noch im Herbst des gleichen Jahres.

Albrecht Strohschein bekam schon bald von Ita Wegman einen Sonderauftrag, nämlich in Breslau (Schlesien) ein besonders schwieriges Kind zu betreuen. Im Jahre 1927 bezog er mit einer Gruppe von Kindern das neugegründete Institut Tannenheim im Eulengebirge. Hier traf er auch auf Hermann Kirchner. Durch den starken Andrang kranker Kinder mußte schon bald ein größerer Platz gesucht werden. Diesen fand man im Schloß Pilgramshain wo Albrecht Strohschein mit Karl König die Arbeit fortsetzte.

1933 fühlte er sich dort sehr eingeengt und suchte nach neuen Wirkensmöglichkeiten. Da in den romanischen Ländern der anthroposophisch-heilpädagogische Impuls noch nicht so richtig Fuß gefaßt hatte, ging er nach Frankreich, um dort Pionierarbeit zu leisten. Seine Initiative führte allerdings erst in späteren Jahren zu verschiedenen Neugründungen. Nach einiger Zeit kehrte er nach Pilgramshain zurück.

Trotz erbitterten Einsatzes gegen die Machthaber jener Zeit konnte Albrecht Strohschein es nicht verhindern, daß 1940 das Heim geschlossen wurde. Er mußte vorübergehend sogar ins Gefängnis. Später wurde er zur Wehrmacht eingezogen. Nach der Rückkehr aus der Gefangenschaft fand er zunächst bei seinem Freund Franz Geraths im Institut Eckwälden eine neue Heimat. Im Jahre 1946 gründete Albrecht Strohschein von dort aus das Institut «Michaelshof» in Hepsisau. Von 1950 an bis zu seinem Tod war er der Erste Vorsitzende der neu gegründeten «Vereinigung der Heil- und Erziehungsinstitute» in Deutschland.

Siegfried Pickert verließ nach sieben Jahren als letzter der Gründer mit einer Schar Kinder und Mitarbeiter den Ursprungsort Lauenstein, nachdem es dort wieder einmal recht eng geworden war. Ein weiterer wichtiger Anlaß, nach einem neuen Wirkensort Ausschau zu halten, war die Frage nach der Betreuung der älteren Pfleglinge, denn im nur gemieteten Haus Bernhard war es nicht möglich, Werkstätten einzurichten. Nach langem Suchen konnte schließlich mit viel Glück ein Anwesen gekauft werden, in welchem am 15. September 1931 Siegfried Pickert mit einigen weiteren Mitarbeitern das «Heilerziehungs- und Erholungsheim Schloß Hamborn» gründete. Hier bot sich die Möglichkeit, daß über die heilpädagogische Arbeit hinaus auch erwachsene Pfleglinge betreut werden konnten. Des weiteren sollte an jenem Ort auch eine Ausbildungsstätte für weite Gebiete des anthroposophischen Lebens entstehen.

Dieses Institut überstand die Kriegszeit nicht als heilpädagogische Einrichtung. Zwar gelang es Siegfried Pickert in glücklichen Verhandlungen, das während des Krieges von den Nazis beschlagnahmte Anwesen zurückzuerhalten, doch wurde von der Militärverwaltung direkt nach dem Krieg keine heilpädagogische Arbeit bewilligt. Es war notwendig, vor allem die streunenden und verwahrlosten Kinder zu versorgen. So entstand in der Nachfolge das «Landschulheim Schloß Hamborn», welches heute zusammen mit der Land- und Forstwirtschaft, dem Sanatorium und dem Altenwerk die «Rudolf Steiner-Werkgemeinschaft» bildet.

Weitere Initiativen

Zu Michaeli 1929 gründete Dr. Franz Geraths zusammen mit Dr. Rose Erlacher, angespornt und beraten von Ita Wegman, das Institut «Schloß Mühlhausen». Dies war notwendig geworden, nachdem das auf die Initiative von Dr. Eugen Kolisko, dem Schularzt der Stuttgarter Waldorfschule, entstandene kleine Heim «Hohe Eiche» in Stuttgart-Degerloch zu klein geworden war. Auch das neue Haus füllte sich bald und man fühlte sich wohl. Es wird erzählt, wie Rose Erlacher zu Weihnachten die erste Leier aus Dornach mitbrachte und in späteren Jahren im Festsaal eine Orgel eingebaut wurde.

Die Zeiten änderten sich jedoch schlagartig im Zuge der Eingemeindung von Mühlhausen nach Stuttgart. Die neue politische Situation ließ es 1938 notwendig erscheinen, nach einer neuen Bleibe Ausschau zu halten. Diese konnte nach langem Suchen schließlich in Eckwälden gefunden werden.

Dieses Institut in Eckwälden sollte letztlich das einzige

sein, welches in Deutschland den Krieg und die darauf folgende Besatzungszeit überstand und damit zum Ausgangspunkt für zahlreiche Gründungsinitiativen nach dieser schweren Zeit wurde.

Franz Geraths (31. Mai 1901–24. Juli 1966)

Er wurde als Sohn einer Pädagogenfamilie – sein Vater war Rektor eines Gymnasiums – geboren. Nach seiner Schulzeit studierte er katholische Theologie, danach Philosophie und Philologie.

In München studierte Franz Geraths die Vortragszyklen Rudolf Steiners und erfuhr auch von der anthroposophischen Heilpädagogik. Dies führte ihn nach Stuttgart an das Seminar der Waldorfschule, wo er Eugen Kolisko, den Schularzt der Schule, und Karl Schubert, den Lehrer der Hilfsklasse, kennen lernte. Jene Begegnung führte dazu, daß Franz Geraths einige Zeit in der Hilfsklasse bei Karl Schubert praktizierte, bevor er dann im Jahre 1927 in dem von Eugen Kolisko gegründeten Heim «Hohe Eiche» in Stuttgart-Degerloch als Heilpädagoge tätig wurde. Zu dieser Zeit wurden dort sechs Kinder betreut.

Nachdem weitere Kinder aufgenommen worden waren und das Haus wirklich aus allen Nähten platzte, gründete Franz Geraths mit Rose Erlacher, von Ita Wegman bestärkt, das Institut «Schloß Mühlhausen». Doch bald warfen die politischen Ereignisse ihre Schatten voraus. Das Leben nahe der Großstadt wurde immer schwieriger, es wurden sogar Kinder und Betreuer auf Spaziergängen angepöbelt. So mußte man sich bereits nach acht Jahren nach einem neuen Wirkungsort umsehen.

Nach langem Suchen konnte in Eckwälden auf dem Land ein Haus ausfindig gemacht werden, welches Pfarrer Christoph Blumhardt 1887 als eine Zufluchtsstätte für besonders kranke und ruhebedürftige Menschen gebaut und dort jahrelang Menschen segensreich geholfen hatte. Ab dem Jahre 1902 beher-

bergte es ein Mädchenpensionat und stand nun zu jener Zeit zum Verkauf zur Verfügung. Hier wurde das Institut Eckwälden gegründet.

Nach der Rückkehr aus der Kriegsgefangenschaft legte Franz Geraths schon kurz nach der Währungsreform 1949 den Grundstein für das erste heilpädagogische Seminar, welches dann im Frühjahr 1950 eröffnet werden konnte.

Auch in den folgenden Jahren war Franz Geraths aktiv in der sich nach dem Krieg neu findenden heilpädagogischen Bewegung tätig. Als zu Beginn der sechziger Jahre eine Vereinheitlichung der heilpädagogischen Ausbildung angestrebt wurde, war es ein wichtiger Schritt, das bis dahin an das Institut angeschlossene Seminar von diesem zu lösen und als «Rudolf-Steiner-Seminar für Heilpädagogik» im Rahmen der Medizinischen Sektion weiterzuführen. Nur ein Jahr noch konnte Franz Geraths als Seminarleiter das nun dort stattfindende, zentrale Abschlußjahr der heilpädagogischen Ausbildung begleiten. Er starb kurz nach Ferienbeginn am 24. Juli 1966.

Initiativen über die Grenzen der Schweiz und Deutschlands hinaus

Auch im Ausland kam es in den dreißiger Jahren zu Gründungsinitiativen. So finden wir in einem 1930 herausgebrachten Prospekt über die Heil- und Erziehungsinstitute neben oben schon erwähnten Einrichtungen auch folgende verzeichnet: In Holland das Zonnehuis (Zeist), in Finnland das Kinderheim Gerknaes in Gustapberg und in England das Kinderheim Sunfield (Clent).

In der folgenden Zeit kam es zu weiteren Gründungen in England. Mit der Entstehung des Mikaelsgården in Järna begann dann im Jahre 1935 der heilpädagogische Impuls auch in Schweden Fuß zu fassen. Sogar auf Island war in Sólheimar

Mitte der Dreißigerjahre durch Sesselja Sigmundsdöttir der Aufbau eines heilpädagogischen Heimes begonnen worden.

Krisen in der Anthroposophischen Gesellschaft und ihre Auswirkungen auf die heilpädagogische Bewegung

Drohende Gegensätze in der Anthroposophischen Gesellschaft

Nach dem Tod Rudolf Steiners kamen die Gegensätze unter den Mitgliedern und im Vorstand der Anthroposophischen Gesellschaft heftig zum Ausbruch. Dies führte im Laufe der Zeit zu einer immer stärkeren Verfestigung der Standpunkte. Eine Folge war, daß verschiedene Handlungsweisen Ita Wegmans und ihre schwungvolle, einsatzbereite Art nicht von der ganzen Gesellschaft geachtet werden konnten. So mußte schon Anfang 1932 aufgrund gewisser Anträge innerhalb der Anthroposophischen Gesellschaft befürchtet werden, daß Ita Wegman und eine Anzahl ihrer Mitarbeiter auf der Frühjahrsgeneralversammlung aus der Gesellschaft ausgeschlossen werden sollten.

Auch die weltpolitische Situation macht Sorgen

Doch nicht nur die Differenzen in der Gesellschaft, auch die weltpolitische Situation gab Anlaß zur Sorge. Am 13. Dezember 1931 berichtet Werner Pache von einem Gespräch zwischen Ita Wegman, Julia Bort, Hermann Kirchner und Margarete Bockholt, welches die Sorge über die geistige und politische Lage Deutschlands zum Gegenstand hatte. So wurde für Anfang 1932 als eine Art Gegenimpuls zur politischen Strömung in Deutschland in Schloß Hamborn, wo kurz vorher Siegfried Pickert ein weiteres Institut gegründet hatte, die Veranstaltung einer «Jugendtagung als Mysterienimpuls» geplant. In einer anderen Lagebesprechung stellte Ita Wegman fest: «Wir müßten es schon in jedem Land zu einem heilpädagogischen Institut bringen. Das sei doch mindestens unsere Aufgabe, *überall einen Keim hinzubringen.*»[30]

Ausbreitung der Bewegung nach England

In diesem Zusammenhang setzte Ita Wegman in dieser Zeit auch große Hoffnung auf die Ausbreitung der heilpädagogischen Bewegung in England. Sie hatte in D. N. Dunlop, dem Generalsekretär der Anthroposophischen Landesgesellschaft Großbritanniens einen tatkräftigen Förderer und Beschützer ihrer weltweiten heilpädagogischen und medizinischen Bestrebungen gefunden.

Ausschluß aus der Gesellschaft

Als Gegenimpuls zu den Vorgängen innerhalb der Gesellschaft und den weltgeschichtlichen Geschehnissen veranstalteten Ita Wegman und die ihr zugewandten Menschen in der Zeit der zwölf heiligen Nächte 1934/35 die erste der heute noch gepflegten «Arlesheimer Weihnachtstagungen».

Zur gleichen Zeit wurde auf einer Sitzung der Generalsekretäre der Gesellschaft über die bevorstehende Generalversammlung beraten und der Ausschluß von Elisabeth Vreede und Ita Wegman aus dem Vorstand sowie der ihr nahestehenden Mitarbeiter D. N. Dunlop, Willem Zeylmans, Pieter de Haan, Eugen Kolisko, Jürgen von Grone und George Adams Kaufmann, später auch Karl König und Ernst Marti, aus der

Gesellschaft beschlossen. Für Ita Wegman bedeutete dies zugleich auch die Absetzung als Leiterin der Medizinischen Sektion. In ihrer Nachfolge beauftragte der Vorstand am Goetheanum ein Viererkollegium, das sich aus Friedrich Husemann, Hans Zbinden, Walter Bopp und Richard Schubert zusammensetzte, die Leitung der Medizinischen Sektion zu übernehmen. Dieser Gruppe aber fehlte, obwohl jeder für sich sehr gute medizinische Arbeit leistete, der innere Zusammenhang, so daß keine gemeinsamen Impulse zutage traten.[31]

Jene Vorgänge führten zu einer Spaltung der Anthroposophischen Gesellschaft, da ein Großteil der heilpädagogischen Bewegung sich mit Ita Wegman solidarisch empfand. Die Folgen jener Trennung aber bestimmten entscheidend die Entwicklung der Bewegung in den folgenden Jahrzehnten. Erst Jahre nach Ende des Zweiten Weltkrieges begann mit mühsamen Schritten wieder eine Annäherung.

Die Zeit nach dem Ausschluß

Da sich in Frankreich eine aktive Ärztegruppe gebildet hatte, richtete Ita Wegman nun ihre Aktivitäten auch nach Frankreich. Unterstützt wurde sie in ihrer Initiative besonders durch Werner Pache, welcher in der Zwischenzeit die Rolle des Verbindungsmannes zwischen den Instituten in den verschiedenen Ländern übernommen hatte. Er intensivierte in der folgenden Zeit seine Vortragstätigkeit besonders mit Schwerpunkt im französischsprachigen Raum. Das Interesse an anthroposophischer Heilpädagogik wurde dort nach einiger Zeit schließlich so lebendig, daß 1938 in Courcelles, südlich von Paris gelegen, ein Institut gegründet werden konnte. Diese Arbeit fand im Jahr 1940 mit der Besetzung von Paris durch deutsche Truppen ein jähes Ende.

Auch in der Schweiz war Ita Wegman um den Ausbau der

Heilpädagogik bemüht und gründete zwei Dependancen der Klinik im Tessin. So konnten 1937 sowohl in «La Motta» in Brissago als auch in der «Casa Andrea Christoforo» in Ascona die Arbeit aufgenommen werden.

In der wohl letzten großen Initiative gelang es schließlich Ita Wegman 1938 noch einmal, diesmal in Schottland, einer heilpädagogischen Initiative die Grundlage für ihr Wirken zu ermöglichen. Aufgrund ihrer Vermittlung beschafften schottische Freunde Karl König und seinen Freunden, welche nach dem Einmarsch Hitlers in Wien ihre Arbeit aufgeben mußten, eine Einreiseerlaubnis nach England und stellten ihnen eine vorläufige Unterkunft zur Verfügung. Diese nun unter schwierigsten Bedingungen beginnende heilpädagogische Arbeit wurde zum Keim der heutigen Camphill-Bewegung.

Anfang September 1939 zwangen gesundheitliche Gründe Ita Wegman zu einer längeren Unterbrechung ihrer heilpädagogischen Arbeit. Ihre letzten Lebensjahre verbrachte sie zurückgezogener im Tessin, vor allem in der von ihr gegründeten «Casa Andrea Christoforo» in Ascona.

Wichtige Ereignisse während des Zweiten Weltkrieges

Die Gründung Camphills

Karl König und einigen Freunden gelang es nach dem Anschluß Österreichs an das Deutsche Reich, nach England zu emigrieren. Bereits 1939 konnte diese Gruppe im «Kirkton House» im nördlichen Schottland ein kleines Heim gründen. Das Haus war durch die Vermittlung Ita Wegmans von Freunden der Bewegung für einen Neubeginn zur Verfügung gestellt worden. Die Zeiten waren nicht einfach: Nicht nur die äußere Not machte Sorgen. Auch waren im Frühjahr 1940 die Männer dieser Gruppe als feindliche Ausländer erst einmal interniert worden. Dennoch konnte bereits im Sommer des gleichen Jahres der hier entstandene Keim nach Camphill (Aberdeen), dem eigentlichen Ursprung der sich nach dem Krieg weltweit ausbreitenden Camphill-Bewegung, umziehen.

Berichte aus den Instituten:

Sonnenhof
Zwischen April und Juli 1940 mußte der Sonnenhof aufgrund einer Anordnung der Arlesheimer Gemeinde vorübergehend evakuiert werden. Ein kleiner Teil der Kinder ging mit Werner Pache, Julia Bort und einigen Mitarbeitern nach Schwendi im Berner Oberland, die anderen auf die «Motta» nach Brissago.

Ita Wegman weilte während dieser Zeit in der «Casa Andrea Christoforo» in Ascona. Sie wurde durch ständige Mitteilungen über die Lage auf dem laufenden gehalten und erteilte Ratschläge.

Lauenstein

Dr. Heinrich Hardt berichtet[32], wie noch kurz vor der Machtergreifung Hitlers der Lauenstein nach Altefelde in ein ehemaliges Gestüt umgezogen war. Nach Ausbruch des Zweiten Weltkriegs sollte nun dieses Gestüt wieder für die Zucht hochwertiger Rassepferde benutzt werden. 93 Objekte wurden darauf als Ersatz in Betracht gezogen, aber auch wirklich keines taugte für die heilpädagogische Arbeit. Das Fortbestehen des Instituts war ernsthaft in Frage gestellt.

Schließlich konnte mit viel Glück und Unterstützung das Hofgut Seewalde in Mecklenburg-Strelitz als neue Bleibe gefunden werden. Als gegen Kriegsende die feindlichen Fronten näherrückten, kamen völlig überraschend die Russen als Besatzungsmacht. Es wird berichtet, wie das Heim einundsiebzigmal zu jeder Tages- und Nachtzeit geplündert wurde. Aber es kam noch viel schlimmer. Bald darauf übernahm in der Ostzone die SED (Sozialistische Einheitspartei Deutschlands) die politische Führung. Diese Partei machte die Arbeit in jeder nur denkbaren Weise schwierig und beschwerlich. Eines Tages erschien dann eine bewaffnete Kommission und eröffnete, daß das Institut entschädigungslos enteignet werden müsse, da die Leitung nicht bereit sei, sich den Konsequenzen des einzig richtigen dialektischen Materialismus zu fügen. So mußte am 1. Mai 1949 der direkte Nachfolger des Lauenstein geschlossen werden.

Pilgramshain

Lore Schweiker berichtet, wie sie 1939 nach Pilgramshain kam, um bei Hermann Kirchner das Malen zu lernen. Hier lernte sie auch ihren späteren Ehemann Albrecht Strohschein kennen. Schon bald entstand der Wunsch in ihr, nicht mehr nur zu malen, sondern auch im Heim mit den Kindern zu arbeiten.

Kurze Zeit später brach der Krieg aus und die Männer wurden zum Kriegsdienst eingezogen. Die Arbeit im Heim gestaltete sich immer schwieriger. Beim Spaziergang mit den Kindern konnte man nur noch auf Hinterwegen durchs Dorf schleichen, um nicht mit Spott und Verunglimpfungen bedacht zu werden. Da hing eines Morgens im Oktober 1940 ein Zettel an der Tür von Schloß Pilgramshain: «Die gesamten Gebäude sind innerhalb von fünf Tagen vollständig zu räumen!» Lore Schweiker beschreibt, was für ein Kunststück es war, 140 Menschen anderweitig unterzubringen. Aber es wurde geschafft. Auch die letzte Kartoffel und die Kohlenvorräte waren am Ende gerettet. Einige Kinder konnten mit ihren Betreuern nach Gerswalde, manche Kinder wurden notdürftig im Dorf untergebracht, die anderen mußten von ihren Eltern nach Hause geholt werden. Ein halbes Jahr später drangen in aller Morgenfrühe Männer der Gestapo in die Behelfsunterkünfte der Zurückgebliebenen ein. Es wurden vor allem Bücher und die Malereien von Hermann Kirchner beschlagnahmt und mit unzähligen Kinderbildern öffentlich verbrannt. Einige der Mitarbeiter mußten ins Gefängnis, andere konnten im Institut Eckwälden untertauchen. Die Gebäude wurden bis auf die Grundmauern zerstört. Über den Verbleib der letzten Kinder konnte nichts mehr in Erfahrung gebracht werden. So endete die blühende Arbeit in Schlesien.

Gerswalde

Mit viel Mut und starkem Einsatz gelang es Franz Löffler, das Institut vor größeren Übergriffen der Machthaber des Dritten Reiches zu schützen. Nach Kriegsende konnte allerdings nur für kurze Zeit die Arbeit noch einmal aufblühen und das Institut in Gerswalde zu einem der wenigen Treffpunkte für die vielen heimatlos gewordenen Heilpädagogen werden. Doch gegen die neuen Machthaber in der sowjetischen Besatzungszone war nichts auszurichten. Sie veranlaßten die Schließung des Heimes, und Franz Löffler wurde verhaftet.

Schloß Hamborn

Siegfried Pickert bekam einige Tage vor Kriegsbeginn, am 25. August 1939, mitten in der Nacht den Stellungsbefehl zu einer Übung, die, wie er sagte, bis zum Kriegsende dauern sollte. Noch in der Nacht mußte er die Übergabe des Heimes regeln. Während des Krieges wurde dann das Gut von den Nazis beschlagnahmt. Diese konnten sich aber nicht einig werden, welche ihrer Gruppierungen es nun bekommen sollte. So wurde die Entscheidung auf das Kriegsende verschoben. Das war ein großes Glück, denn dadurch war es sehr viel einfacher, daß das Schloß nach Kriegsende wieder in den Besitz seiner rechtmäßigen Besitzer gelangen konnte.

Gegen Ende des Krieges wurde Paderborn nahezu völlig zerstört und das Altersheim nach Schloß Hamborn ausgelagert. Nach dem Krieg gelang es in glücklichen Verhandlungen mit der englischen Besatzungsmacht, das Gut in die Hände der alten Besitzer zurückzuführen. Unterstützung fand Siegfried Pickert in den Verhandlungen durch den guten Kontakt zu einem Dolmetscher, welcher die Heilpädagogen benachrichtigte, wenn der Chef gute Laune hatte. War der erste Schritt damit getan, so bestand ein großes Hindernis für den Neubeginn der Arbeit darin, daß der ganze Raum durch das einquartierte Altersheim völlig überfüllt war. Es gab keinen Platz für eigene Pfleglinge. So mußten weitere Verhandlungen unternommen werden, die auf ein langsames Freimachen des Raumes hinzielten. Ein richtiger Neubeginn einer heilpädagogischen Arbeit wurde allerdings nicht gestattet. Zuerst mußte man sich der durch den Krieg heimatlos gewordenen Kinder annehmen. Trotzdem fanden sich schon nach kurzer Zeit viele pflegebedürftige Kinder ein. Die Auflagen führten aber dazu, daß sich das heilpädagogische Institut in das «Landschulheim Schloß Hamborn», eine Waldorf-Heimschule, verwandelte.

Eckwälden

Eckwälden war das einzige Institut in Deutschland, welches die schwierigen Zeiten während und nach dem Krieg überstehen konnte. Da die Männer alle im Krieg waren, blieben die Frauen allein mit der Aufgabe, in dieser schwierigen Zeit über die Runden zu kommen. Wie durch ein Wunder konnte unter der umsichtigen und standfesten Führung des Heimes durch Luise Schweiker, Schwester Klara Süsser und Else Sittel, unterstützt von dem dem Nazitum abgeneigten Kreisjugendamt, die drohende Schließung abgewendet werden. Nach dem Krieg wurde das Institut in Eckwälden damit zu einer wichtigen Anlaufstelle für viele der in alle Welt verstreuten Heilpädagogen, um von dort aus neue Initiativen zu ergreifen. Hier seien insbesondere die Gründung des Michaelshofs in Hepsisau und die des Instituts Hohenfried in Bayrisch Gmain erwähnt.

Die heilpädagogische Bewegung nach dem Krieg

Die Zeit des Zweiten Weltkriegs mit seinen Folgen bedeutete auch in der Geschichte der heilpädagogischen Bewegung einen tiefgreifenden Einschnitt. Nach den Kriegsjahren war es nicht nur die große äußere Not, welche den Wiederaufbau der Arbeit belastete. Es waren auch tiefe Gräben zwischen den verschiedenen Ländern und ihren Bewohnern entstanden, die mühsam überwunden werden mußten.

Ein weiterer Schicksalsschlag war wohl der Tod Ita Wegmans am 4. März 1943. Sie galt als die führende Persönlichkeit der heilpädagogischen Bewegung. Es kann davon ausgegangen werden, daß dieses Ereignis mit Anlaß zu der nun einsetzenden Entwicklung gab, die in den folgenden Jahren zu beobachten war: Zum einen tauchte verstärkt die Frage nach den gemeinsamen geisteswissenschaftlichen Grundlagen mit der Anthroposophischen Gesellschaft und der Überwindung der seit den dreißiger Jahren bestehenden Spannungen auf. Zum anderen läßt sich eine stark einsetzende Differenzierung der Bewegung in die verschiedensten Bereiche beobachten. Hier sei nicht nur die Camphill-Bewegung erwähnt, welche von der durch Karl König in Camphill (Schottland) gegründeten heilpädagogischen Einrichtung ausging. Hinzu kommen auch der neue Bereich der Sozialtherapie, der Beginn einer Ausbildung zum anthroposophischen Heilpädagogen und nicht zuletzt auch die verstärkte Entwicklung der Heilpädagogik in Tagesschulen, unabhängig vom Heim.

Unter dieser Voraussetzung zeichnet sich die große Aufgabe der nun bald stark anwachsenden Bewegung ab: Wie kann bei aller Verschiedenheit der Bereiche und Strömungen Länder übergreifend jener Impuls weitergetragen werden, welcher mit der Gründung des Lauensteins und mit dem Heilpädagogischen Kurs gesetzt worden ist? Man mußte sich auf das gemeinsame Anliegen der Heilpädagogik auf anthroposophischer Grundlage besinnen, Teil der Medizinischen Sektion im Rahmen der Freien Hochschule für Geisteswissenschaft am Goetheanum zu sein.

Erfolge jener Bemühungen waren die Begründung des «Initiativkreises», der die Verbindung zwischen Heilpädagogik und Medizinischer Sektion wieder herstellte, und in der weiteren Entwicklung die Entstehung der «Konferenz für Heilpädagogik und Sozialtherapie», durch welche die Camphill-Bewegung mit eingeschlossen werden konnte.

Aus diesen Ausführungen wird ersichtlich, daß die Geschichte der heilpädagogischen Bewegung nach dem Zweiten Weltkrieg einer differenzierten Betrachtung bedarf:

Neuorientierung in der Bewegung und die Suche nach gemeinsamen Wegen

Neubeginn in Deutschland nach dem Zweiten Weltkrieg

Es hatten nur wenige Einrichtungen in Deutschland die Zeit des Dritten Reiches mehr oder weniger unbeschadet überstanden. In diesen sammelten sich nun die in alle Welt zerstreuten Heilpädagogen. Bald schon konnte die heilpädagogische Arbeit wieder aufgenommen werden.

Bedrückend war, daß die beiden Institute Lauenstein und

Schloß Gerswalde in der damaligen Ostzone von den neuen Machthabern bereits nach kurzer Zeit geschlossen wurden und letztlich nur das Institut Eckwälden diese schwierigen Zeiten unversehrt überdauert hatte.

In der nun folgenden Zeit des Wiederaufbaus wirkte Werner Pache helfend und manche Not lindernd von Arlesheim in der Schweiz über die Grenze hinweg nach Deutschland. In Verbindung mit der offiziellen Schweizerhilfe, die ihm im besetzten Land Bewegungsfreiheit in einer Uniform für Hilfswillige ermöglichte, versorgte er die Freunde mit dem Notwendigsten an Lebensmitteln, Medikamenten und Kleidern.

Die Bewegung muß sich neu finden

Darüber hinaus setzte sich Werner Pache sehr für die Wiederbegegnung der heilpädagogischen Freunde aus den verschiedenen Ländern ein. Allerdings mischte sich in die Freude des Wiedersehens die Sorge um die immer noch anhaltenden Gegensätze in der Anthroposophischen Gesellschaft, welche ja 1935 zum Ausschluß von Ita Wegman und ihren Freunden geführt hatten. So war es Werner Pache ein großes Anliegen, die dabei entstandenen Wunden heilen zu helfen, und er führte diesbezüglich viele Gespräche.

Heilpädagogische Tagungen

Im Jahre 1947 konnte in Ascona eine erste internationale Fortbildungstagung organisiert werden, 1948 eine weitere in Zeist (Holland). Von da an fanden alle zwei Jahre weitere internationale Tagungen statt, 1950 in Eckwälden und von 1952 bis 1960 abwechselnd in Schloß Hamborn und Benefeld.

Erstes heilpädagogisches Seminar

Bald nach Kriegsende schon beschlossen Franz Geraths und Albrecht Strohschein, eine Studienstätte für Heilpädagogik auf anthroposophischer Grundlage ins Leben zu rufen. Am 2. Mai 1950 war es schließlich soweit und das Rudolf-Steiner-Seminar für Heilpädagogik in Eckwälden konnte in Form eines einjährigen Studienjahres eingeweiht werden. Anwesend war auch Frau Margarete Kirchner-Bockholt vom Klinisch-Therapeutischen Institut in Arlesheim. Es sollte damit an den heilpädagogischen Strom angeknüpft werden, welcher untrennbar mit Ita Wegman verbunden war.

Dreißig Jahre Heilpädagogischer Kurs und Beginn der Wiederannäherung an die Anthroposophische Gesellschaft

1954 kam es zu einer Zusammenkunft am Sonnenhof anläßlich des dreißigjährigen Jubiläums des Heilpädagogischen Kurses. Außer Ita Wegman und Karl Schubert konnten noch alle aus den Anfangsjahren der Bewegung dabei sein.[33] Die Gespräche dieser Tagung waren nicht einfach. Nicht nur die Spannungen in der Gesellschaft mit ihren Folgen waren ein Thema. Zu einem weiteren Spannungspunkt war es mit der Camphill-Bewegung gekommen, welche eine starke eigene Richtung eingeschlagen hatte. Trotzdem lebte wohl in allen der Wunsch nach einer Verständigung. Ein wichtiges Ergebnis dieses Treffens war der Beschluß, Dr. Guenther Wachsmuth als Vorstandsmitglied der Gesellschaft um eine Begegnung zu bitten, die dann auch in seinem Vorstandszimmer stattfand. Für alle Beteiligten wurde dieses Treffen als eine Befreiung empfunden, hatte doch Guenther Wachsmuth als Begleiter Rudolf Steiners auch den Lauenstein besucht und im Anschluß daran am Heilpädagogischen Kurs teilgenommen.

Spannungen zwischen Camphill und Nicht-Camphill

In den folgenden Jahren wurde die Polarisierung zwischen Camphill und Nicht-Camphill nicht schwächer. Während der Fortbildungstagung 1954 in Benefeld fesselte Karl König seine Zuhörer mit spannenden Vorträgen zur heilpädagogischen Diagnostik. Auf der anderen Seite aber war Karl König der bestehenden heilpädagogischen Bewegung nicht immer zugeneigt, was er in den verschiedensten Situationen zum Ausdruck brachte. Da er und seine Freunde nun auch intensiv weitere Mitarbeiter für die sich stark ausdehnende Camphill-Bewegung suchten, war es für diejenigen, die neu in die heilpädagogische oder sozialtherapeutische Arbeit einsteigen wollten, eine schwierige Frage, welcher Strömung sie sich anschließen sollten. Es kam zu Spannungen vor allem mit den älteren Repräsentanten der heilpädagogischen Bewegung, welche für diese Polarisierung kein Verständnis hatten. Ihnen lag vielmehr daran, keine neuen Gegensätze zu schaffen, wo die alten noch nicht einmal ausgeräumt waren.

Neues Aufleben der Medizinischen Sektion in der Nachfolge Ita Wegmans

Im Jahre 1949 hatte der Vorstand des Goetheanum einen letzten Versuch unternommen, alle aktiven Ärzte am Goetheanum zu versammeln. Dabei wurde deutlich erlebbar, daß die anthroposophisch-medizinische Bewegung keinen Arbeitskontakt zur Hochschule pflegen wollte. Auch wurde das 1935 eingesetzte Leitungskollegium der Medizinischen Sektion nicht mehr als Realität empfunden; es gab keine tatsächliche Zusammenarbeit mehr.

Dies führte im Frühjahr 1955 zu einem entscheidenden Schritt in der Annäherung an die Gesellschaft. Der Vorstandsvorsitzende der Gesellschaft, Albert Steffen, kam mit Frau Dr. Margarete Kirchner-Bockholt und Frau Dr. Madeleine van Deventer, beide vom Klinisch-Therapeutischen Institut in Arlesheim, überein, die Medizinische Sektion in der Nachfolge Ita Wegmans wieder neu aufleben zu lassen. Es wurde ein gleichsam paritätisches Leitungsgremium geschaffen. Dieses setzte sich zusammen aus jenen beiden Ärztinnen des Klinisch-Therapeutischen Instituts sowie Dr. Hans Bleiker und Dr. Gerhard Schmidt, welche mit der Gesellschaft verbunden waren. Nun könnte man denken, daß dieser Schritt eine Welle der Befreiung ausgelöst hätte. Doch von vielen konnte diese überraschende Entwicklung nicht mitgetragen werden. Die an diesem Vorgang enger Beteiligten hatten wichtige Personen und Gruppierungen nicht mit einbezogen, darunter auch diejenigen, welche sich mit Ita Wegman von der Gesellschaft getrennt hatten. Hintergrund war die wohl berechtigte Sorge Albert Steffens, daß bei einer Erweiterung des Kreises vor lauter Erwägungen keine Entscheidung zustande gekommen wäre. Erst 1960 konnte mit dem Wiederanschluß der holländischen Landesgesellschaft, welche sich damit ausdrücklich hinter diese Entscheidung stellte, wieder eine wirklich gemeinsame Richtung gefunden werden.

Der Versuch, die zersplitterte Gesellschaft wieder zusammenzuführen

Doch bevor es soweit war, mußten erst noch die Wege einer Annäherung zu den zwei 1935 von Dornach abgetrennten Landesgesellschaften von Großbritannien und Holland gesucht werden. Um Werner Pache hatte sich eine Gruppe[34] mit dem Anliegen gebildet, einen ernsthaften Versuch zu unternehmen, die zersplitterte Gesellschaft wieder zusammenzuführen. Um eine Entwicklung in Gang zu bringen, organisierten sie 1956 eine Konferenz im Hotel Monty in Scheveningen (Holland). Eine weitere Konferenz des «Scheveninger Kreises» wurde für das Jahr 1957 in Berlin vereinbart. Bei der 1958 folgenden Tagung in Dänemark konnte Werner Pache nicht mehr teilnehmen. Nach kurzer, schwerer Krankheit starb er am 23. Mai 1958. Den eigentlichen Erfolg jener Konferenzen, den Wiederanschluß der holländischen und englischen Landesgesellschaft 1960 an die Dornacher Gesellschaft, konnte er nicht mehr erleben.

Neuorientierung nach dem Tod Werner Paches

Durch den Tod Werner Paches waren viele zentrale Aufgaben, die er über all die Jahre mit großem Einsatz ausgeführt hatte, darunter auch die Organisation der Fortbildungstagungen, neu zu ergreifen. Ganz schnell mußte allerdings für die noch im selben Jahr in Benefeld stattfindende Tagung gesorgt werden. Hier sprang kurzfristig Dr. Hellmut Klimm ein, so daß mit der bewährten Hilfe von Margarete Hardt diese Tagung gut über die Runden gebracht werden konnte. Für die Zukunft aber entstand der Wille, die Aufgaben und Ziele der heilpädagogischen Bewegung gemeinschaftlich anzugehen. Weitere Fragen betrafen eine Intensivierung der Zusammenarbeit mit der Medizinischen Sektion und ob das Goetheanum Veranstaltungsort für die alle zwei Jahre stattfindenden großen Fortbildungstagungen werden könnte. Frau Kirchner-Bockholt von der Sektion wollte sich dieser Fragen weiter annehmen. Unterstützt wurde sie insbesondere von Albrecht Strohschein, Siegfried Pickert, Franz Geraths und Gotthart Starke aus Deutschland sowie dem Ehepaar Lievegoed aus Holland, Hans Glaser und Gustav Ritter aus Schweden und Karl König aus Camphill. Es gab nun öfters Zusammenkünfte, vor allem in Bingenheim, was der Gruppe auch den

Namen «Bingenheimer Kreis» gab. Da aber die Zeit zu kurz war, einen gemeinsamen Konsens zu erarbeiten, wurde beschlossen, die für 1960 anstehende Fortbildungstagung der Regel entsprechend in Schloß Hamborn abzuhalten.

Begründung der Sozialtherapie

Ein zentraler Gedanke dieser Tagung in Schloß Hamborn war die Arbeit mit den Erwachsenen, die später den Namen «Sozialtherapie» bekam. Eine gewisse Vorreiterrolle spielte hier die Camphill-Bewegung, die 1955 in Botton Hall (Yorkshire) die erste Dorfgemeinschaft gegründet hatte. Aber auch in Deutschland, Schweden und der Schweiz hatten mit großem Einsatz verschiedene Initiativen mit der Erwachsenenarbeit begonnen und nach Wegen einer Erweiterung der Heilpädagogik für diesen Bereich gesucht.

Heilpädagogische Tagungen am Goetheanum

Schon im Frühjahr 1960 war es mit den Freunden, die das Ziel einer Wiederannäherung an die Hochschule besonders verfolgten, außer der Reihe zu einer kleinen heilpädagogischen Tagung am Goetheanum gekommen. An dieser nahm auch Albert Steffen teil. Nach einer weiteren «Heilpädagogischen Zusammenkunft» im Juli 1961 in der Schreinerei konnte im Oktober 1962 zum erstenmal die alle zwei Jahre stattfindende große heilpädagogische Tagung am Goetheanum durchgeführt werden. Es wird berichtet, wie es vor allem in den ersten Jahren zu Turbulenzen kam, weil meist junge Tagungsteilnehmer sich nicht im gewohnten und gepflegten Stil durch die Räume bewegten.

Wiederanschluß an die Medizinische Sektion und Entstehung des Initiativkreises

Aus dem Wunsch der Bewegung, die Verbindung mit der Gesellschaft und der Medizinischen Sektion wieder offiziell herzustellen, fand am 18. Oktober 1963 im Sonnenhof ein Gespräch mit Dr. Hermann Poppelbaum, dem Nachfolger des verstorbenen Albert Steffen, Margarete Kirchner-Bockholt und Rudolf Grosse statt. In diesem wurde der «Initiativkreis als Instrument der Medizinischen Sektion für die Heilpädagogik» eingesetzt. Dieser Schritt wurde von der soeben neu organisierten Camphill-Bewegung zwar begrüßt, ein Anschluß aber als noch nicht reif angesehen. Man wollte es erst einmal bei freundschaftlichen Beziehungen belassen und hoffte auf ein allmähliches Zusammenfinden. In diesem Sinne kam es dann auch immer wieder zu Begegnungen. Vor allem in der letzten Zeit seines Lebens hatte Karl König große Bemühungen unternommen, eine feste Verbindung zu schaffen. Leider starb er am 27. März 1966, bevor es zu diesem Schritt kommen konnte.

Vereinheitlichung der Ausbildung

Ein erstes wichtiges Ziel des Initiativkreises war die Vereinheitlichung der Ausbildung. Hierzu sollte das 1950 von Franz Geraths in Eckwälden eingerichtete Seminar vom Institut gelöst und als Einrichtung der Medizinischen Sektion weitergeführt werden. Im Jahre 1965 konnte die Arbeit im «Rudolf-Steiner-Seminar für Heilpädagogik» mit der neuen Aufgabenstellung fortgeführt werden. Es entstand damit in Eckwälden die erste gemeinsame Einrichtung der anthroposophisch-heilpädagogischen Bewegung. Als Franz Geraths im Sommer 1966 starb, wurde seinem Wunsch entsprechend

Dr. Frits Wilmar aus Zeist (Holland) zum Seminarleiter berufen.

Im Jahre 1973 wurde ein zweites heilpädagogisches Seminar in Dornach gegründet. Dieses «Rudolf-Steiner-Seminar für Heilpädagogik» unter Leitung von Thomas Jensen war die erste Schule im direkten Umkreis des Goetheanum, die wirtschaftlich und juristisch völlig unabhängig war. Diesem Vorbild folgten auch bald die anderen Seminarien in Dornach.

Weiterentwicklung der Beziehung zur Medizinischen Sektion

Die Verbindung mit der Medizinischen Sektion hatte sich nun im Laufe der Jahre vollständig normalisieren können. Nachdem 1966 Gerhard Schmidt die Leitung der neugegründete «Sektion für Ernährung und Landwirtschaft» übernommen hatte, trat Dr. Walter Holtzapfel an seine Stelle im Leitungsgremium der Sektion. Im Frühjahr 1969 legte Margarete Kirchner-Bockholt die Leitung der Medizinischen Sektion aus Gesundheitsgründen nieder, welche sie 1963 innerhalb des 1955 gebildeten Leitungsgremiums übernommen hatte, nachdem sie in den Vorstand der Gesellschaft gewählt worden war. Zur gleichen Zeit traten auch Hans Bleiker und Madeleine van Deventer aus dem Leitungskollegium zurück, um eine Überalterung zu vermeiden So übernahm im Jahre 1969 Walter Holtzapfel die Sektionsleitung, unterstützt durch einen neugegründeten Sektionskreis[35]. Im Jahre 1978 wurde die Leitung der Sektion dann auf Dr. Friedrich Lorenz übertragen und 1988 weiter auf Dr. Michaela Glöckler. In diesem Zusammenhang wurde der Sektionskreis wieder aufgelöst.

Gründung der Konferenz für Heilpädagogik und Sozialtherapie

Die Frage des gemeinsamen Weges mit der Camphill-Bewegung war nach dem Tode Karl Königs lange Zeit nicht weiter verfolgt worden. Dennoch kam es immer wieder zu guten Begegnungen mit den Freunden von Camphill, welche auch als Gäste an den heilpädagogischen Tagungen teilnahmen.

Im Jahre 1979 war der Weg der gegenseitigen Annäherung doch weit genug fortgeschritten. Es kam zu einem Gespräch zwischen Vertretern der Camphill-Bewegung, dem Vorstand der Gesellschaft und der Medizinischen Sektion, in welchem über einen gemeinsamen Weg beraten wurde. Allerdings wollte sich die Camphill-Bewegung mit ihrem Beitritt nicht einfach dem Initiativkreis anschließen, sondern wünschte eine gemeinsame Neugründung.[36] Dies führte dazu, daß am 30. Juni 1979 im Sonnenhof die Konferenz für Heilpädagogik und Sozialtherapie gegründet wurde. Das nun stark gestiegene Arbeitsaufkommen konnte allerdings nicht mehr nebenamtlich von Frits Wilmar und Hellmut Klimm bewältigt werden. Schon 1980 wurde daher auf deren Initiative ein Sekretariat eingerichtet. Es gelang, Hans Hasler als Sekretär zu gewinnen, dessen Aufgaben dann 1988 von Johannes Denger übernommen werden sollten.

Die heilpädagogische Bewegung wird zur Weltbewegung

Bereits 1930 waren in Zusammenarbeit mit Ita Wegman über Deutschland und die Schweiz hinaus Einrichtungen in England, Finnland, Holland und Island entstanden. Mitte der dreißiger Jahre kam noch eine Gründung in Schweden dazu, und kurz vor Kriegsbeginn konnte für die Dauer von zwei Jahren in Frankreich ein heilpädagogisches Institut arbeiten.

Eine weitere Ausbreitung fand dann vorerst, aufgrund der weltpolitischen Situation und der Situation innerhalb der Bewegung, nicht mehr statt.

Nach den Jahren des Krieges mit all ihrer Not begann die Bewegung sprunghaft zu wachsen. Im folgenden soll nur ein kurzer, sicher nicht vollständiger Überblick wichtiger Ereignisse gegeben werden: Schon bis 1954 waren weitere Einrichtungen in Frankreich, Nordirland und den USA gegründet worden. Im Jahr 1955 wurde in England eine erste heilpädagogische Tagung veranstaltet, bei der die Vertreter aller Heime in Großbritannien und Nordirland anwesend waren. Dann folgte 1957 die Ausbreitung nach Südafrika, 1963 nach Australien und 1969 mit der Gründung von zwei selbständigen anthroposophischen Heimen nach Israel. Im Jahre 1970 findet eine erste heilpädagogische Tagung für die Einrichtungen in Australien statt. Ein starker Aufschwung setzte ab 1990 nach Zusammenbruch des sozialistischen Machtbereichs ein. In der Folge entstanden viele Gründungsinitiativen in der ehemaligen DDR und den anderen Ländern des einstigen Ostblocks.

Eine besondere Entwicklung läßt sich seit Mitte der achtziger Jahre feststellen. Es werden nun weniger Kinderheime, dafür aber auffallend mehr Dorfgemeinschaften und kleinere Lebensgemeinschaften für Erwachsene gegründet.

Die Camphill-Bewegung

Die Camphill-Bewegung ist eine eigene Strömung innerhalb der anthroposophisch-heilpädagogischen Bewegung. Die zu ihr gehörenden Heime und Dorfsiedlungen haben sich als unabhängige, sich selbst verwaltende Einrichtungen in der

Camphill-Gemeinschaft zusammengeschlossen. Diese ist keine Einrichtung des öffentlichen Rechts, sondern eine freie Werkgemeinschaft ohne Besitz. Heute umfaßt die Camphill-Bewegung weltweit etwa neunzig Zentren und hat von England ausgehend ihre Ausbreitung in den USA, Südafrika, Botswana, Holland, Deutschland, der Schweiz, Österreich, Norwegen, Schweden und Finnland gefunden.

Die der Camphill-Bewegung angeschlossenen Einrichtungen gründen ihre Arbeit auf den gleichen menschenkundlichen Grundlagen wie die anderen Institutionen der anthroposophisch-heilpädagogischen Bewegung. Die wesentlichen Unterschiede, welche den Stil einer Camphill-Einrichtung prägen, lassen sich in drei Hauptpunkten zusammenfassen:[37]

- Der erste ist eine intensive Beschäftigung mit den Evangelien aus der Sicht der Christologie Rudolf Steiners über das allgemeine anthroposophische Studium hinaus.
- Ein zweiter Grundsatz ist das Zusammenleben der Mitarbeiter mit den Betreuten in Familienhäusern unter einem Dach.
- Eine dritte Besonderheit ist der Versuch, eine brüderliche Wirtschaftsgemeinschaft zu bilden, wie sie sich in den Anfangszeiten aus der Not heraus entwickeln mußte.

Diese drei Besonderheiten stehen in engem Zusammenhang mit der Gründerpersönlichkeit Karl König und der Entstehungsgeschichte der Camphill-Bewegung:

Emigration nach Großbritannien und Beginn einer ersten heilpädagogischen Arbeit

Ende des Jahres 1938 trafen sich Karl König und einige seiner Freunde, nachdem ihnen die Flucht aus dem von Hitler besetzten Österreich gelungen war, als Flüchtlinge in Großbritannien wieder. Schon kurze Zeit später gelang es Ita Wegman zu vermitteln, daß die mit ihr befreundete Familie Haughton dieser Gruppe um Karl König das kleine «Kirkton House», nördlich von Aberdeen gelegen, für einen Neubeginn der heilpädagogischen Arbeit zur Verfügung stellte. Allerdings war es nicht einfach, in dieser Zeit für ein solches Unternehmen die notwendige staatliche Genehmigung zu bekommen. Am 30. März 1939 war es endlich soweit, daß die ersten Menschen in «Kirkton House» einziehen konnten. In kurzer Zeit kamen weitere Menschen hinzu, welche ebenfalls aus dem Einflußbereich des deutschen Nationalsozialismus geflohen waren, und halfen mit. Bei der offiziellen Einweihung am 28. Mai 1939 wurden in «Kirkton House» zwölf behinderte Pfleglinge betreut. So entstand an diesem Ort, abgeschnitten von den meisten heilpädagogischen Heimen, der erste Keim für die zukünftige Camphill-Bewegung.

Doch der Anfang war nicht leicht. Außer dem Ehepaar König hatte niemand Erfahrung in der praktischen Arbeit mit behinderten Kindern, und vieles mußte gelernt werden. Aber auch das Verhältnis zur Familie Haughton wurde immer gespannter. Wenige Tage nach Ausbruch des Zweiten Weltkrieges kam von ihr ein Brief mit harten Forderungen: Sie wollten ab sofort mit den Behörden alleine verhandeln, die Finanzen selber führen und die Oberaufsicht über alle heilpädagogischen Maßnahmen haben. Das war der Zeitpunkt für den Entschluß, möglichst bald einen anderen Wirkensort zu suchen.

Gründung von Camphill

Bereits im Frühjahr 1940 konnte in Camphill, westlich von Aberdeen, schön gelegen am Fluß Dee, ein Herrenhaus gepachtet werden. Doch der Krieg drohte, sich nach England auszubreiten. Dies hatte zur Folge, daß die Männer als «feindliche Ausländer» aus Furcht vor Spionage erst einmal für einige Monate interniert wurden. Sie konnten die nächsten Schritte nur aus der Ferne begleiten. Trotz allem wurde am 1. Juni 1940 «Kirkton House» verlassen und dieser Keim nach Camphill verpflanzt. Dies war die eigentliche Geburtsstunde der Camphill-Bewegung.

Damit war in Schottland zunächst der Raum geschaffen für den weiteren Aufbau einer heilpädagogischen Arbeit auf geisteswissenschaftlicher Grundlage. Die Arbeit in der Gemeinschaft war allerdings die erste Zeit durch die äußere Not und dadurch, daß die Mitglieder als «feindliche Ausländer» galten, bestimmt. Die Menschengruppe, die sich aus der Not der Zeit zusammengeschlossen hatte, versuchte in gegenseitiger Hilfe ein gemeinsames, brüderliches Leben zu führen. Es gab keine finanzielle Entlohnung, und jeder arbeitete mit all seinen Kräften und Fähigkeiten in Haus, Garten und Feld. Auch die Kinder wurden in diese so entstehende Gemeinschaft eingegliedert und halfen mit, so gut sie eben konnten.

Aus den Erfahrungen der ersten Zeit im Zusammenleben mit den Kindern entwickelte sich als ein Hauptanliegen, das soziale Problem des Seelenpflege-bedürftigen Kindes in der Struktur des Heimes besonders zu berücksichtigen.

Noch während des Krieges konnte die Arbeit von privater und behördlicher Seite schließlich doch Anerkennung finden und unterstützt werden. Es war damit möglich, heilpädagogische Klassen einzurichten, welche den Waldorflehrplan zur Grundlage bekamen. An eine Ausweitung der Arbeit über das Heim hinaus konnte allerdings nicht gedacht werden, da sich nur wenige Briten zur Mitarbeiterschaft gesellten.

Nach Ende des Kriegs änderte sich dies rasch. Ein Strom junger Mitarbeiter kam vom Kontinent nach Camphill. Im Jahre 1949 wurde daher ein heilpädagogisches Seminar eingerichtet, welches seither zur festen Einrichtung in der Camphill-Bewegung geworden ist. Diesem Seminar sollten später weltweit weitere Ausbildungen in Heilpädagogik und Sozialtherapie folgen.

Mit der Ausbildung war es jetzt möglich, daß sich die Mitarbeiterschaft ständig durch qualifizierte Menschen vergrößern und die Arbeit auch an anderen Orten weitergeführt werden konnte. Erste Gründungen fanden statt in Süd- und Westengland, dann in Nordirland und Norwegen, 1957 auch in Südafrika und 1960 in den USA. Von vielen Ländern aus ist «Camphill» von Elternkreisen behinderter Menschen gerufen worden, die Arbeit auch dort zur Entfaltung zu bringen. Diesen Rufen konnte fast immer Folge geleistet werden. Zunächst wurden Heime nur dort begründet, wo darum gebeten wurde. Später schlossen sich schon bestehende Einrichtungen der Camphill-Bewegung an.[38] Im Sommer 1955 wurde dann die erste Dorfsiedlung «Botton Village» für heranwachsende, behinderte Menschen gegründet. Das war ein wesentlicher Schritt in der Biographie der Camphill-Bewegung, denn es mußten völlig neue Sozialstrukturen entwickelt werden. Hierbei stand vor allem die Frage nach dem Schicksalsweg der aus der Schule herausgewachsenen Kinder und Jugendlichen im Erwachsenenalter im Mittelpunkt.

Eine große Lücke hinterließ der Tod von Karl König am 27. März 1966. Vor allem wurden die Fragen des gemeinsamen Weges mit dem anderen Teil der anthroposophisch-heilpädagogischen Bewegung, welchen Karl König gerade in der letzten Zeit seines Lebens noch verfolgt hatte, nicht weiter bearbeitet. Trotzdem konnte in der Folge immer wieder ein guter Austausch gepflegt werden.

Das Zusammenfinden der verschiedenen Ströme

Im Jahre 1979 schließlich hatten sich die verschiedenen Ströme so weit aufeinanderzubewegen können, daß gemeinsam die Begründung der Konferenz für Heilpädagogik und Sozialtherapie beschlossen und am 30. Juni 1979 im Sonnenhof vollzogen wurde.

Die Konferenz für Heilpädagogik und Sozialtherapie

Nach langjährigen Vorbereitungen wurde im Juni 1979 die Konferenz für Heilpädagogik und Sozialtherapie gegründet. Sie entstand aus dem Zusammenschluß des «Initiativkreises» mit der Camphill-Bewegung. Die Konferenz ist ein Organ des Geisteslebens innerhalb der Medizinischen Sektion der Freien Hochschule für Geisteswissenschaft am Goetheanum. Ihre Mitglieder werden persönlich berufen, wobei darauf geachtet wird, daß dieser Kreis repräsentativ für die internationale Bewegung ist.

Die Konferenz trifft sich ein- bis zweimal im Jahr und hat die Aufgabe, die innere Lage der Bewegung wahrzunehmen, wie sie sich entwickelt und welche neuen Probleme und Aufgaben sich stellen. Auch obliegt ihr die Gestaltung verschiedener Tagungen:

- die große heilpädagogische Herbsttagung (alle zwei Jahre),
- die sozialtherapeutische Tagung (alle zwei Jahre),
- die Hochschulwochenenden (alle zwei Jahre).

Die Konferenz hat etwa neunzig Mitglieder[39] aus Australien, Deutschland, Finnland, Frankreich, Großbritannien, den Niederlanden, Norwegen, Österreich, Schweden, der Schweiz und den USA.

Einrichtung des Sekretariats

Da das Arbeitsaufkommen in Folge der Erweiterung stark zunahm, konnten die Aufgaben nicht mehr nebenamtlich durch Dr. Hellmut Klimm und Dr. Frits Wilmar, welche dies schon für den Initiativkreis getan hatten, wahrgenommen werden. Es wurde daher 1980 ein Sekretariat eingerichtet, und die Aufgaben des Sekretärs übernahm hauptamtlich Hans Hasler. Im Sommer 1988 gab er diese Aufgabe an seinen Nachfolger Johannes Denger weiter.

Zu den Aufgaben des Sekretariats gehören die Vorbereitung, Durchführung und Nachbereitung der Konferenz sowie der verschiedenen Arbeitskreise, einschließlich der Koordination derselben untereinander. Weiter gehören dazu auch der internationale Austausch von Informationen, das Knüpfen und Vermitteln von Kontakten, die Herausgabe der viermal jährlich erscheinenden Zeitschrift «Seelenpflege in Heilpädagogik und Sozialtherapie», die Organisation der Tagungen und so weiter. Gleichzeitig fungiert das Sekretariat als Geschäftsstelle des Schweizer Verbandes, so daß auch die Organisation dieser Einrichtung einschließlich der Organisation von Verbandstagungen geleistet werden muß.

Im Laufe der Jahre, in welchen die Leitung der Medizinischen Sektion teilweise verwaist war, hatte sich das Sekretariat sehr selbständig entwickelt. Seit der Übernahme der Sektionsleitung durch Dr. Michaela Glöckler ist der Wunsch und die Notwendigkeit nach einer stärkeren Zusammenarbeit zwischen der Konferenz für Heilpädagogik und Sozialtherapie und der Medizinischen Sektion gewachsen. In diesem Zusammenhang entstanden neu regelmäßige Konferenzen mit den Mitarbeitern der Medizinischen Sektion. Auch wurde der Sekretär in den Mitarbeiterkreis am Goetheanum aufgenommen.

Weltweite Delegiertenkonferenz

Im Herbst 1993 hatten die Medizinische Sektion und die Konferenz für Heilpädagogik und Sozialtherapie zu einer weltweiten Delegiertenkonferenz geladen, jede Einrichtung sollte einen oder mehrere Vertreter bestimmen. Gerade mit Blick auf siebzig Jahre anthroposophische Heilpädagogik und die aktuelle Zeitsituation schien eine gemeinsame Standortbestimmung innerhalb der heilpädagogisch-sozialtherapeutischen Bewegung dringend notwendig. Ein wichtiges Thema war, was aus den Impulsen des Jahres 1924 geworden ist, welche Fragen und Gedanken in der Bewegung leben und welche Aufgaben ihr mit Blick in die Zukunft zukommen. Sind die bis heute gewachsenen Strukturen noch realistisch, oder müssen sie neu ergriffen werden? Diese Fragen werden weiter bewegt werden müssen.

Die verschiedenen Arbeitsgruppen der Konferenz

Im Laufe der Jahre haben sich innerhalb der Konferenz verschiedene Arbeitsgruppen zu speziellen Themen gebildet:

Der Sektionskreis
Innerhalb der Konferenz besteht ein kleiner Sektionskreis aus zehn Menschen[40], die sich etwa vier- bis sechsmal im Jahr treffen. Sie bereiten die Konferenzen vor und berufen in Zusammenarbeit mit dem Ausbildungskreis die Dozenten

für die berufliche Ausbildung in Heilpädagogik und Sozialtherapie.

Der Ausbildungskreis

Im Juli 1982 wurde der Ausbildungskreis[41] gebildet, der sich zweimal im Jahr trifft. Er versucht, die Verbindung zwischen den rund vierzig Ausbildungseinrichtungen, in welchen etwa 1050 Studenten ausgebildet werden, und der Medizinischen Sektion zu halten. Weiter hat er zur Aufgabe, den Kontakt und Austausch zwischen den einzelnen Ausbildungsstätten zu fördern, die Ausbildungsgänge in den verschiedenen Ländern immer mehr in einen inneren Zusammenhang zu bringen, Fragen zu Diplomen und Anerkennungen zu erörtern und schließlich auch die Ausbildung der Ausbilder zu begleiten.

Weitere Arbeitsgruppen

Weitere Arbeitsgruppen sind die *Sozialtherapeutische Arbeitsgruppe* mit zwei Treffen im Jahr, der *Wirtschafterkreis* mit einem Treffen, die *Verantwortlichen für das sozialtherapeutische Vertiefungsjahr* mit zwei bis drei Treffen, der 1991 gegründete *Publikationskreis* und die *Gruppe der in Heilpädagogik und Sozialtherapie tätigen Ärzte*. Darüber hinaus entstehen auch spontan neue Gruppierungen wie die *Arbeitsgruppe Europa* oder die *Arbeitsgruppe Gentechnologie*.

Das Zusammenfinden der Einrichtungen in den Verbänden

Nachdem bis hier vor allem das Werden der heilpädagogischen Bewegung in Bezug auf ihre geistige Verbindung zur Medizinischen Sektion als Teil der Freien Hochschule für Geisteswissenschaft am Goetheanum betrachtet worden ist, soll nun der Blickwinkel darauf gerichtet werden, wie sich die anthroposophische Heilpädagogik in der Zeit nach dem Zweiten Weltkrieg in der Öffentlichkeit, und damit auch auf rechtlicher Ebene, entwickeln konnte. Es ist selbstverständlich, daß in diesem Zusammenhang auch von den verschiedenen rechtlichen Bedingungen der einzelnen Länder ein starker Einfluß ausging. Dies hatte zur Folge, daß auf nationaler Ebene, zum Teil gemeinsam mit der Camphill-Bewegung, Verbände gegründet wurden, welche die Wahrung gemeinsamer Interessen sowie die rechtliche Anerkennung beziehungsweise Absicherung der anthroposophischen Heilpädagogik zur Aufgabe haben.

Aus einem Bericht des Jahres 1987 geht hervor, daß es zu diesem Zeitpunkt schon Verbände in Australien, Deutschland, Finnland, Frankreich, Großbritannien, Holland, Österreich (mit den Waldorfschulen), der Schweiz, den USA und in Järna (Schweden) gab. Außerdem bilden die Nordischen Länder einen gemeinsamen Verband.[42] Im Folgenden soll auf die Entwicklung der Verbände in Deutschland und der Schweiz etwas genauer eingegangen werden.

Der Verband in Deutschland

Das Werden der «Vereinigung»

Wie schon erwähnt, sah die Situation nach dem Krieg in Deutschland schlimm aus. In den wenigen übriggebliebenen Einrichtungen sammelte man sich, um von dort aus den Wiederaufbau zu beginnen. Erst langsam mußten wieder die Kontakte zu den Freunden im Ausland gesucht werden. Aus dem Gefühl einer inneren Zusammengehörigkeit und um die Aufgaben gemeinsam besser meistern zu können, kam es 1949 zur Gründung der «Vereinigung der Heil- und Erziehungsinstitute für Seelenpflege-bedürftige Kinder», deren Vorsitz bis zu seinem Tod Albrecht Strohschein innehatte. Sitz der Vereinigung war der 1946 gegründete Michaelshof in Hepsisau. In den ersten Jahren fanden neben den Mitgliederversammlungen auch Schulungstagungen in Eckwälden, Hohenfried und Bingenheim statt.

Im Jahre 1954 wurde die Herausgabe der «Bingenheimer Hefte» in gemeinsamer Initiative übernommen und in der Zeitung «Das Seelenpflege-bedürftige Kind» fortgesetzt. Diese entwickelte sich bald durch Form und Inhalt zu einer Zeitschrift von internationalem Format.

In den folgenden Jahren zeichnete sich in der Vereinigung keine Entwicklung nach außen ab. Alle Kräfte waren nach innen in den Aufbau der einzelnen Institute gebunden. Erst ab 1959 wurden wieder Kräfte für neue Impulse frei: Es wurden wieder Mitarbeitertagungen veranstaltet, zuerst eine in Eckwälden, dann eine weitere in Hohenfried. Im Jahre 1966 wurde im Rahmen einer Mitgliederversammlung der Vereinigung der Lauenstein-Sozialfonds gegründet. Er versteht sich als zusätzliche Altersversorgung für in der anthroposophischen Heilpädagogik und Sozialtherapie tätig gewesene Mitarbeiter. Mitglied im Sozialfonds sind auch heute noch

Einrichtungen des Verbandes, die ihre Beiträge nach einem bestimmten Schlüssel in den Fonds einzahlen.

Eine weitere Folge dieser Entwicklung war die Suche nach dem Weg in die Öffentlichkeit. Die Vereinigung wurde Mitglied im «Deutschen Paritätischen Wohlfahrtsverband» (DPWV) mit Sitz im Beirat des Bundesvorstandes. 1961 fand ein erster öffentlicher Lehrgang für Menschen mit Interesse an anthroposophischer Heilpädagogik in Loheland statt. Ein zweiter öffentlicher Lehrgang wurde 1963 im neu errichteten Ausbildungszentrum des DPWV in Frankfurt veranstaltet. Weitere öffentliche Vortragsreihen wurden dann in Hamburg, Wuppertal und Heidelberg gehalten.

Bedauerlicherweise konnte 1972 aus verschiedenen Gründen die weitere Herausgabe der Zeitung «Das Seelenpflege-bedürftige Kind» nicht mehr aufrechterhalten werden. Da das Bedürfnis nach einem umfassenden Mitteilungsorgan für alle in der Heilpädagogik und Sozialtherapie tätigen Mitarbeiter innerhalb Deutschlands sehr stark war, wurde in der Nachfolge von der «Vereinigung der Heil- und Erziehungsinstitute» eine neue Zeitung, die «Interne Korrespondenz», herausgegeben.

Die Bundeselternvereinigung

Aus der Frage heraus, was die Eltern machen können, um die Arbeit der anthroposophischen Heil- und Erziehungsinstitute, in welchen ihre Kinder leben, zu unterstützen, kam es 1977 zur Gründung der «Bundeselternvereinigung für anthroposophische Heilpädagogik und Sozialtherapie». Im Hintergrund stand zudem die Sorge der Eltern nach geeigneten Plätzen für ihre nun erwachsenen Kinder, aber auch der Wunsch, trotz aller Fürsorge des Staates für ihre Kinder selbst den geeigneten Ort zur Betreuung auswählen zu können.

Zusammenführung von Heilpädagogik und Sozialtherapie in einen Verband

Ein wichtiges Ereignis war 1979 die Zusammenführung der «Vereinigung der Heil- und Erziehungsinstitute für Seelenpflege-bedürftige Kinder» und der «Sozialtherapeutischen Werkgemeinschaft» durch die Neugründung des «Verbands anthroposophischer Einrichtungen für Heilpädagogik und Sozialtherapie». Die Satzung beinhaltete auch einen Passus zur Kontaktpflege mit der Camphill-Bewegung.

Nach Beginn der Herausgabe der Zeitschrift «Seelenpflege in Heilpädagogik und Sozialtherapie» im Jahre 1982 durch die Konferenz für Heilpädagogik und Sozialtherapie, mit dem Anliegen, ein anspruchsvolles Organ für die ganze Bewegung zu sein, veränderte sich der Schwerpunkt der «Interne Korrespondenz» auf aktuelle Berichterstattung im Bereich des Deutschen Verbandes.

Neuorientierung innerhalb des Verbandes

In den folgenden Jahren wurde in verschiedenen Kreisen immer wieder die Frage bewegt, wie in der Verbandsarbeit die sich stark wandelnde Zeitsituation berücksichtigt werden kann. Ausschlaggebend waren die sich immer mehr verändernden menschlichen und sozialen Bedingungen, aber auch die Ausweitung und damit stärkere Differenzierung der Arbeitsfelder im Sozialen Bereich. Dies führte im Jahre 1989 in Sassen zum erstenmal zu einer Mitgliederversammlung mit dem Charakter einer Arbeitstagung. Die Regularien wurden eingeschränkt zu Gunsten von mehr Begegnung und Austausch. Es wurden verschiedene Fachgruppen gebildet, welche auch außerhalb der Verbandstagungen die Bearbeitung ihrer Fragestellungen fortführen.

Ein gemeinsamer Verband mit der Camphill-Bewegung

In dieser Phase der Neuorientierung kam eine weitere Entwicklung zum Tragen: Seit einigen Jahren schon hatte auf verschiedenen Ebenen eine Intensivierung der Zusammenarbeit zwischen den Einrichtungen der Camphill-Bewegung und den Einrichtungen des Verbandes stattgefunden. Dies führte bereits zu Beginn der achtziger Jahre zu gemeinsamen Arbeitsgremien. Hierzu zählt die Deutsche Konferenz, die sich zu gleichen Teilen aus den Vorstandsmitgliedern des Verbandes und Vertretern der Camphill-Gemeinschaft zusammensetzt. In diesem Gremium wurden, wenn auch nicht rechtsverbindlich, doch sehr konkret gemeinsame Fragen besprochen. Ein weiteres Beispiel ist die «Freie Akademie für anthroposophische Heilpädagogik und Sozialtherapie» als Dachverband der Ausbildungsstätten. Der Gedanke, die Kräfte für die Bearbeitung gemeinsamer Fragen in einem Verband zu bündeln, ohne die besonderen Eigenheiten der verschiedenen Strömungen aufgeben zu müssen, wurde immer konkreter.

Im Mai 1992 fand, eingeladen von der Deutschen Konferenz, eine erste gemeinsame Tagung von Einrichtungen der Camphill-Bewegung und des Verbands in Stuttgart statt, die als Thema die Auseinandersetzung mit der aktuellen Zeitsituation hatte. Eine zweite gemeinsame Tagung schloß sich im März 1993 in Brachenreuthe an, in welcher Gestaltungsimpulse für eine Neufassung der Bewegung in Deutschland gesetzt wurden. In der folgenden Zeit wurde eine Satzung ausgearbeitet mit dem Ziel, im Mai 1994 in Sassen den Verband gemeinsam mit der Camphill-Bewegung neu zu konstituieren.

Der Verband in der Schweiz

Auch in der Schweiz war die Bewegung im Laufe der Zeit sehr gewachsen. Von verschiedenen Seiten wurde nun immer wieder angeregt, ähnlich der in Deutschland schon vor vielen Jahren gegründeten Vereinigung, die anthroposophisch-heilpädagogische Arbeit in einem gemeinsamen Verband innerhalb des Landes zu vereinen. Nachdem nun auch die holländischen Freunde einen Verband gegründet hatten, welcher eine enge Zusammenarbeit mit der deutschen Vereinigung pflegte, wurden in der Schweiz die Gründungsgedanken sehr konkret.

Am 15. September 1962 kam es dann im Sonnenhof in Arlesheim zur Gründung des «Verbandes anthroposophisch tätiger Heilpädagogen und Institutionen in der Schweiz». Mitglied konnten sowohl die heilpädagogischen Institutionen als auch die in den Einrichtungen tätigen Heilpädagogen werden.

Heilpädagogen und Sozialtherapeuten bilden eigene Bereiche innerhalb des Verbandes

Mitte der siebziger Jahre wurde die Frage immer aktueller, wie der ständig größer werdende Bereich der Sozialtherapie seine spezifischen Anliegen entweder innerhalb des bestehenden oder durch Gründung eines eigenen Verbandes besser wahrnehmen kann. Diesem Bedürfnis konnte schließlich entsprochen werden, indem Heilpädagogen und Sozialtherapeuten innerhalb des Verbandes zwei selbständige Sektionen bildeten.

Als Folge wurde auch der Name angepaßt in «Verband anthroposophisch tätiger Heilpädagogen und Sozialtherapeuten in der Schweiz». Auf der Mitgliederversammlung am 11. Juni

1977 konnten die notwendigen Veränderungen in den Statuten beschlossen werden.

Erneute Anpassung der Verbandsstatuten

Eine erneute Revision der Verbandsstatuten fand im Jahre 1988 statt. Wichtigster Punkt war die Namensänderung in «Verband für anthroposophische Heilpädagogik und Sozialtherapie in der Schweiz». Der neue Bezug im Vereinsnamen auf die im Verband vertretenen Fachgebiete und nicht mehr auf einen bestimmten Personenkreis schien angebracht, da sich mit der alten Bezeichnung gerade wichtige Mitarbeiter in den Institutionen, welche aber keine pädagogischen Fachkräfte im engeren Sinn waren, nicht angesprochen fühlten.

Der Schweizer Verband heute

Heute umfaßt der Schweizer Verband etwa fünfundzwanzig Institutionen und etwa zweihundertachtzig Einzelmitglieder. Er ist Mitglied in verschiedenen schweizerischen Fachgremien wie der Schweizer Zentralstelle für Heilpädagogik (SZH), des Schweizerischen Werkstättenverbands (SVWGB) und bildet eine eigene Sektion in der Schweizerischen Heilpädagogischen Gesellschaft (SHG). Als besonders wichtige Aufgabe hat er die finanzielle Unterstützung des Rudolf Steiner-Seminars für Heilpädagogik in Dornach übernommen. Weiter beteiligt er sich mit anderen Ländern an der Finanzierung des Sekretariats der «Konferenz für Heilpädagogik und Sozialtherapie».

Differenzierte Betrachtung einzelner Bereiche

Die Ausbildung

Das Seminar für Heilpädagogik in Eckwälden

Schon im Jahre 1948 hatten Franz Geraths und Albrecht Strohschein beschlossen, ein Seminar für Heilpädagogik auf anthroposophischer Grundlage zu gründen. Diese Initiative führte dann am 2. Mai 1950 zur Einweihung des «Rudolf-Steiner-Seminars für Heilpädagogik in Eckwälden» mit einem einjährigen Ausbildungsgang. Es war eigens dafür ein neues Seminargebäude errichtet worden. Durch die Anwesenheit von Frau Dr. Margarete Kirchner-Bockholt vom Klinisch-Therapeutischen Institut in Arlesheim sollte die Initiative mit dem von Ita Wegman geprägten heilpädagogischen Strom verbunden werden. Daß dies nicht nur ein symbolischer Akt war, zeigte sie durch wiederholte Epochen am Seminar. Mit zum Seminarkollegium gehörten unter anderem auch Dr. Maria Lehrs-Röschl, Dr. Margarethe Hauschka, Dr. Rudolf Hauschka, Dr. Ernst Lehrs, Else Sittel und Hermann Kirchner. Die Kurse in den folgenden Jahren umfaßten etwa fünfzehn bis zwanzig Seminaristen.

Doch auch in anderen Ländern wurden in den folgenden Jahren selbständige, praxisbegleitende heilpädagogische Ausbildungen auf anthroposophischer Grundlage eingerichtet. So zum Beispiel in der Schweiz, in Holland und in Schweden.

Dem im Oktober 1963 entstandenen Initiativkreis war es ein großes Anliegen, die heilpädagogische Ausbildung auf internationaler Ebene neu zusammenzufassen und zu koordinieren. Weiter sollte die Ausbildung insgesamt in die Freie Hochschule am Goetheanum eingegliedert werden und der «Initiativkreis», als Organ der Medizinischen Sektion, die Verantwortung für die Gesamtausbildung tragen. Im November 1963 konnte die Neuordnung der Ausbildung bereits beschlossen werden.

Knapp zwei Jahre später, im Sommer 1965, war es schließlich soweit, daß der erste Ausbildungskurs unter neuem Duktus begonnen werden konnte. Als Stätte für das Seminar hatte Franz Geraths weiterhin das Institut Eckwälden angeboten, und die Baulichkeiten waren entsprechend erweitert worden. Das von ihm 1950 gegründete Seminar hatte sich organisatorisch vom Institut gelöst und wurde in seiner neuen Form als «Rudolf-Steiner-Seminar für Heilpädagogik in Eckwälden» durch den heilpädagogischen Initiativkreis der Medizinischen Sektion am Goetheanum eingegliedert. Bis zu diesem Zeitpunkt hatten seit der Gründung im Jahre 1950 schon 259 Seminaristen das Studienjahr in Eckwälden besucht.

Die in der Schweiz, Holland, Schweden und verschiedenen Einrichtungen in Deutschland durchgeführten Kurse sollten nun als Proseminarien über zwei Jahre hinweg zum dritten, sogenannten Abschlußjahr im Seminar in Eckwälden hinführen. Diese Grundausbildung war als theoretische Einführung, verbunden mit praktischer Erfahrung gedacht. Es war geplant, weitere Proseminarien einzurichten.

Gegenüber anderen in Deutschland entstandenen Seminarien für Heilpädagogik, welche meist eine einjährige Zusatzausbildung anboten, wurde das Seminar in Eckwälden in Verbindung mit den Proseminarien als eine eigenständige, dreijährige Fachausbildung eingerichtet. Sie wurde staatlich anerkannt und qualifizierte zur «fachlich vorgebildeten Erziehungskraft». Aufnahmebedingungen waren unter anderem ein Mindestalter von achtzehn Jahren sowie die Mittlere Reife oder eine abgeschlossene Berufsausbildung.

Bereits 1964 war Kurt Vierl als Dozent und Geschäftsführer des Seminarvereins von Franz Geraths nach Eckwälden berufen worden. Franz Geraths selber war es nur noch ein Jahr vergönnt, das neuorientierte Seminar zu führen. Nach seinem unerwartet schnellen Tod im Sommer 1966 wurde, auf seinen Wunsch hin, Dr. Frits Wilmar vom «Initiativkreis» zum Seminarleiter berufen.

Neue Initiativen im Jahr 1973

Im Jahre 1973 konnte auf die Initiative von Dr. Hellmut Klimm hin in Dornach ein zweites heilpädagogisches Seminar unter der Leitung von Thomas Jensen seine Arbeit aufnehmen. Dieses «Rudolf Steiner Seminar für Heilpädagogik» war als erste Ausbildungsstätte im direkten Umkreis des Goetheanum juristisch und wirtschaftlich vollständig unabhängig von der Gesellschaft und spielte damit eine Vorreiterrolle für andere Schulen. Die Trägerschaft dieser neuen Ausbildungsstätte, die sich in die bisherige Ausbildungsstruktur eingliederte, übernahm der «Verband anthroposophisch tätiger Heilpädagogen und Institutionen in der Schweiz», bis dann im Jahre 1976 der Verein «Rudolf Steiner Seminar für Heilpädagogik Dornach» gegründet wurde. Um die Miete für das Haus Laval bezahlen zu können, konnte auf einer Mitgliederversammlung spontan beschlossen werden, daß jedes Mitglied einen um 300 SFr. höheren Jahresbeitrag an den Verband zahlen sollte. Aufgrund des beengten Platzes konnten vorerst nur etwa achtzehn Seminaristen je Studienjahr aufgenommen werden.

Im gleichen Jahr wurde auch die Grundausbildungszeit generell von zwei auf drei Jahre verlängert. Aus einer weiteren Initiative entstand das «Norddeutsche Proseminar», in welchem sich mehrere Einrichtungen im Norden Deutschlands zusammengeschlossen hatten, um den Proseminarunterricht gemeinsam zu gestalten.

Erweiterung des heilpädagogischen Seminars in Dornach

Aufgrund der recht beengten Situation – die Unterrichtsräume dienten teilweise gleichzeitig als Wohnräume – und einer zu erwartenden Zunahme an Auszubildenden wurde schon bald der Neubau eines Schulgebäudes dringend notwendig. Anstatt bisher achtzehn Seminaristen sollten in Zukunft bis zu dreißig die Möglichkeit haben, in Dornach ihre Ausbildung mit dem Studienjahr abzuschließen. Im Sommer 1980 konnte das neue Gebäude bezogen werden.

Neubau des heilpädagogischen Seminars in Bad Boll

Bald schon wurde auch der Arbeits- und Lebensraum für den seit 1965 vergrößerten Seminarbetrieb in Eckwälden, trotz der erweiterten Räumlichkeiten, als sehr beengend empfunden. So war es bereits 1969 zum Gedanken an einen eigenen Bau gekommen. Als nun 1975 das Institut selber an eine Erweiterung denken mußte, entstanden konkrete Baupläne. Am 2. Juli 1982 konnte dann der neue Seminarbau in Bad Boll eingeweiht werden. Bis zu diesem Zeitpunkt hatten, seit der Neuordnung der Ausbildung 1965, etwa 480 Teilnehmer aus vielen Nationen, vor allem aber aus Deutschland, Schweiz, Holland und Skandinavien das Abschlußjahr besucht.

Der Ausbildungskreis in der Konferenz

Im Jahre 1983 wurde im Rahmen der Konferenz für Heilpädagogik und Sozialtherapie, der Nachfolgeorganisation des Initiativkreises, mit dem Ausbildungskreis ein neues Organ geschaffen. Dieser Arbeitskreis versucht, die Verbindung zwischen der Medizinischen Sektion und den Ausbildungseinrichtungen zu halten, in welchen etwa 1050 Studenten (ohne Praktikanten) ausgebildet werden. Weiter soll auch der Kontakt und Austausch zwischen den einzelnen Ausbildungsstätten gefördert werden.

Die Bemühungen um die Fragen der Ausbildung hatten zur Folge, daß seit Oktober 1984 die Medizinische Sektion, vertreten im Sektionskreis der Konferenz für Heilpädagogik und Sozialtherapie, in Zusammenarbeit mit dem Ausbildungskreis Dozenten für die berufliche Ausbildung in Heilpädagogik und Sozialtherapie beruft. Es soll damit das Vertrauen der Medizinischen Sektion gegenüber dem Dozenten und durch seine Annahme der Berufung die Bereitschaft zur Verantwortlichkeit gegenüber der Hochschule am Goetheanum zum Ausdruck kommen. Es gibt derzeit 110 solche, in den Ausbildungseinrichtungen tätigen, berufene Dozenten.

Wechsel der Seminarleitung in Dornach

Im Sommer 1990 fand im Seminar in Dornach ein Wechsel in der Seminarleitung statt. Der Seminarverein bestimmte Hans Egli zum Nachfolger von Thomas Jensen. Bis zu diesem Zeitpunkt waren seit 1973 im Seminar über dreihundert Seminaristen ausgebildet worden.

Wechsel der Seminarleitung in Bad Boll

Schon vor Jahren hatte Frits Wilmar die Leitung des Seminars an Kurt Vierl übergeben. Nachdem Kurt Vierl seinerseits Ende der achtziger Jahre die Seminarleitung abgegeben hatte, übernahm für eine kurze Dauer Dr. Michael Domeyer diese Aufgabe. Nach einer etwa einjährigen Übergangszeit wurde schließlich im Sommer 1992 die Leitung des Seminars in Bad Boll Dr. Angelika Gäch übergeben.

Differenzierte Ausbildungsformen

Neben der grundständigen Fachausbildung zum Heilpädagogen im Zusammenhang mit den heilpädagogischen Seminarien in Bad Boll und Dornach kam es aufgrund unterschiedlicher äußerer Bedingungen oder spezieller Anforderungen in der Arbeit zu weiteren Ausbildungsinitiativen. In der nun folgenden Darstellung kann nur eine Auswahl derselben, stellvertretend für alle anderen, aufgeführt werden.

Ausbildungen im Bereich der Sozialtherapie:
Aufgrund der völlig anderen beruflichen Anforderungen in der Sozialtherapie gegenüber denen in der Heilpädagogik entstand die Notwendigkeit eigener Ausbildungsmöglichkeiten. Dies führte im Laufe der Jahre zur Einrichtung verschiedener, praxisbegleitender Ausbildungsgänge zum Sozialtherapeuten. Je nach dem in der Ausbildungsstätte betreuten Personenkreis werden sehr verschiedenartige Erfahrungen vermittelt.

Ausbildung zum heilpädagogischen Lehrer:
Vor einigen Jahren wurde innerhalb der vom Bund der Freien Waldorfschulen Deutschlands getragenen Freien Hochschule für anthroposophische Pädagogik in Mannheim in Zusam-

menarbeit mit der Arbeitsgemeinschaft Heilpädagogischer Schulen ein einjähriger Aufbaukurs zum Lehrer an heilpädagogischen Schulen geschaffen. Doch konnte bis heute für diesen Ausbildungsgang keine staatliche Anerkennung erreicht werden. Schwierigkeiten bereitet hier nicht nur ein mangelndes Verständnis bei den Behörden für den Sinn einer therapeutisch durchdrungenen Schulsituation, sondern auch eine mangelnde Zusammenarbeit zwischen den einzelnen Behörden.[43] Eine rechtliche Anerkennung der schulischen Heilpädagogik würde es sehr erleichtern, den Lehrern in entsprechend unterstützten Ausbildungsgängen die inneren Qualitäten für das Unterrichten und therapeutische Arbeiten bei Seelenpflege-bedürftigen Kindern vermitteln zu können.

Neue Ausbildungsformen in den neuen Bundesländern:
Im Jahre 1990 kam es mit dem Wegfall der Mauer an der deutsch-deutschen Grenze sehr schnell zu neuen heilpädagogisch-sozialtherapeutischen Initiativen in der ehemaligen DDR. In diesem Zusammenhang tauchte die Frage nach Möglichkeiten einer Weiterbildung im Rahmen der anthroposophischen Heilpädagogik und Sozialtherapie auf, welche die eigenen, schon gemachten Erfahrungen in der Arbeit mit Behinderten berücksichtigt. Es war klar, daß es nicht zum Abzug der bis dahin im Osten in der Behindertenarbeit Tätigen in Seminarien und Einrichtungen der alten Bundesländer kommen durfte. Andererseits sollte es auch keinen Aufmarsch langjährig Erfahrener zur Vermittlung dessen, was anthroposophische Heilpädagogik eigentlich ist, geben. Aus dieser Situation heraus entstand in Dresden eine Initiative für eine Zusatzausbildung, die in einem zweijährigen, berufsbegleitenden Kurs zur staatlichen Anerkennung als Heilpädagoge führen soll. Bedingung zur Aufnahme ist eine abgeschlossene Berufsausbildung sowie eine berufliche Tätigkeit mit Behinderten. Der Kurs begann im Sommer 1991 noch ohne staatliche Anerkennung.

Camphill-Seminar für Heilpädagogik:
Eine wichtige Ausbildungsstätte ist das internationale Camphill-Seminar. Der Ursprung dieser Ausbildung geht auf die Zeit nach dem Krieg zurück. Eine ganze Reihe junger Menschen war nach Camphill (Schottland) gekommen, offen und bereit, etwas über die anthroposophische Heilpädagogik zu erfahren. Diese Entwicklung gab den Anlaß dazu, daß am 3. Oktober 1949 in Camphill ein erster Ausbildungskurs begonnen wurde.

Heute findet die vierjährige Gesamtausbildung zum Heilpädagogen in den ersten drei Jahren praxisbegleitend mit einem anschließenden Studienjahr statt. Es gibt Ausbildungsmöglichkeiten in Großbritannien, Nordirland, Finnland, Holland, der Schweiz, Südafrika, den USA und Deutschland.

Heilpädagogische Ausbildung in Australien:
Aus einem Bedürfnis nach ausgebildeten, fähigen Mitarbeitern in allen australischen heilpädagogischen Heimen und Schulen wurde 1973 beschlossen, einen Ausbildungskurs für Lehrer, Hauseltern, Verantwortliche in Werkstätten und Therapeuten, die mit Seelenpflege-bedürftigen Kindern und Erwachsenen arbeiten, einzurichten. Der erste Kurs begann 1974. Es nehmen daran Seminaristen teil, die in den Einrichtungen Miroma, Inala und Warrah Village, alle in Sydney, tätig sind.

Die Frühförderung

Einen relativ jungen Zweig innerhalb der anthroposophischen Heilpädagogik stellt die Frühförderung dar. Ihr Aufgabenbereich umfaßt die heilpädagogisch-therapeutische Förderung von Säuglingen und Kleinkindern, nachdem in der «Früherfassung» eine Fehlentwicklung festgestellt wurde. Dies kann bei einigen Krankheitsbildern direkt nach der Geburt sein, andere Entwicklungsstörungen werden erst nach einigen Wochen oder noch später bemerkt.

Diese Art Aufgabe stellt den anthroposophischen Heilpädagogen vor grundlegende Fragen. So wissen wir aus Angaben Rudolf Steiners, daß die Zeit bis etwa zum dritten Lebensjahr, wo das Kind in bewußter Weise beginnt, «ich» zu sich zu sagen, nicht direkt für erzieherische Handlungen genutzt werden soll. Das Kind zieht langsam in seine Leiblichkeit ein und beginnt sie zu ergreifen. Dieser Entwicklungsweg, in welchem noch vorgeburtlich aufgenommene Kräfte zur Wirkung kommen, sollte nicht von außen gestört werden.

Rudolf Steiner schildert, daß es die Aufgabe für jenes Lebensalter sein muß, diesen Weg des Kindes, richtig auf die Welt zu kommen, in geeigneter Weise zu unterstützen. Aber wie kann dies nun geschehen, insbesondere wenn das kleine Kind seine ätherisch-leibliche Organisation aufgrund der verschiedensten Fehlentwicklungen nicht ergreifen kann?

Ein wichtiger Wegweiser war der Hinweis Rudolf Steiners, daß das Kleinkind noch ganz Sinnesorgan sei. Dies weist darauf hin, daß es gerade bei Kindern mit Inkarnationsschwierigkeiten ausgesprochen wichtig ist, die Entwicklung der unteren Sinne zu aktivieren und ihnen damit ein richtiges Verhältnis für ihren Leib zu ermöglichen.

Die Frühförderung findet in der Regel in der Familie des Kindes unter aktiver Einbeziehung der Eltern statt. Konkrete Probleme stellen sich im Alltag und müssen dort bearbeitet werden. Es soll den Eltern Hilfestellung gegeben werden, dem Kind eine förderliche Umgebung zu schaffen und seine Entwicklung auch außerhalb der Frühförderstunden weiter zu unterstützen.

Eine Vorreiterrolle zu Fragen der Frühförderung innerhalb der anthroposophischen Heilpädagogik hat das Haus Mignon in Hamburg als Institut für ambulante Heilpädagogik übernommen. Ausgangspunkt war auch hier die Frage betroffener Eltern, welchen Beitrag die anthroposophische Heilpädagogik zur Lösung der Probleme ihrer Kleinkinder leisten kann.

Die Heilpädagogik in der Schule

Schon mit der Teilnahme Karl Schuberts am Heilpädagogischen Kurs wurde das Wirken in der Hilfsklasse, welche im Rahmen der ersten Waldorfschule in Stuttgart 1922 begonnen worden war, an den heilpädagogischen Strom angeschlossen. Die Einrichtung weiterer Hilfsklassen war zwar geplant, konnte aber aus finanziellen Gründen nicht geschehen.[44]

In der heutigen Zeit muß sich die schulische Heilpädagogik auf anthroposophischer Grundlage nach zwei Richtungen orientieren. In beiden spiegelt sich die geschichtliche Entwicklung jener Hilfsklasse von Karl Schubert. Zunächst war diese Klasse als Raum für diejenigen Kinder geschaffen worden, die in der großen Klasse unterzugehen drohten, aber nach einiger Zeit der Konsolidierung die Möglichkeit zur Rückkehr haben sollten. Nach dem Krieg aber, als die Waldorfschule wieder geöffnet wurde, waren zwischenzeitlich so schwierige Kinder aufgenommen worden, daß eine Zusammenarbeit mit den «Normalklassen» nicht mehr gesehen werden konnte. So wurde diese Hilfsklasse zur Wiege der heutigen Karl-Schubert-Schule in Stuttgart, einer selbständigen heilpädagogischen Tagesschule.

Die Idee jener 1922 von Rudolf Steiner eingerichteten Hilfsklasse hat auch in unserer Zeit nicht an Bedeutung verloren. Immer mehr Kinder mit Entwicklungsstörungen finden heute ihren Weg in die Waldorfschule. Der Lehrer kann zwar durch die besondere Methodik vieles bewirken, was heilend und therapeutisch diesen Kindern hilft, ihre Störung zu überwinden. Dennoch steht er oft hilflos vor der Menge entwicklungsgestörter Kinder. Es ist daher sowieso schon unausweichlich, daß sich der Waldorflehrer heute heilpädagogische Kenntnisse erarbeiten muß. Doch wenn sich die Störungen der Kinder in einer gewöhnlichen Schulklasse nicht mehr auffangen lassen, sind zusätzliche Förder- und Therapiemaßnahmen von Nöten. Dies führte dazu, daß in vielen Schulen bereits kurz nach dem Krieg weitere Förderklassen nach dem Muster jener Hilfsklasse geschaffen wurden. Sie haben das Ziel der Reintegration der Schüler in die Normalklassen zur gegebenen Zeit. In einer Schule entwickelten sich meist zwei bis drei größere Hilfsklassen. Da dadurch in den Klassen eine große Altersstreuung herrschte, fiel es schwer, die Kinder wirklich altersgemäß zu unterrichten. Mitte der sechziger Jahre entstanden daher drei eigenständige Kleinklassen-Waldorfschulen[45], deren Anzahl in der Zwischenzeit auf dreizehn angewachsen ist.[46]

Der Entwicklungsweg jener von Karl Schubert geleiteten Hilfsklasse weist auf einen zweiten, heute immer mehr an Bedeutung gewinnenden Zweig der heilpädagogischen Tagesschulen. Dort werden Kinder betreut, welche zu schwach oder auffällig sind, um jemals in eine Normalklasse integriert werden zu können. Früher gab es oftmals nur die Möglichkeit, diese Kinder in einem der anthroposophisch-heilpädagogischen Institute unterzubringen, in welchen es natürlich auch eine Schule gab, in der nach dem modifizierten Waldorflehrplan unterrichtet wurde. Mit dem Wachstum der Bewegung entstanden aber nun vermehrt auch Tagesschulen und damit die Möglichkeit einer Betreuung der in Frage kommenden Kinder in direkter Nähe des Elternhauses.

Die Sozialtherapie

Während Rudolf Steiner für die heilpädagogische Arbeit mit Kindern viele Ideen und Impulse gegeben hat, ist man bei der Entwicklung von Betreuungsformen für die erwachsen Gewordenen auf sich alleine gestellt.

Spätestens wenn die Schulzeit der Seelenpflege-bedürftigen Jugendlichen zu Ende geht und sie in das Erwachsenenalter kommen, stellt sich die Frage nach ihrem weiteren Schicksalsweg. Man kann deutlich erleben, wie in jedem Menschen, auch bei unseren Betreuten, mit dem Erwachsenwerden eine Sehnsucht nach Selbstverwirklichung des eigenen Schicksals wächst. So ergibt es sich von selbst, daß die nun jungen Erwachsenen nicht wie groß gewordene Kinder behandelt und weiter erzogen werden dürfen. Dem gegenüber steht aber meist die oft eingeschränkte Selbständigkeit und die pflegerische Abhängigkeit der zu Betreuenden. Es gilt also nun, Lebensformen der Gemeinschaft zu finden, die jedem Menschen erlauben, trotzdem seinen individuellen Schicksalsweg gehen zu können.

Schon bei der Gründung von Schloß Hamborn im Jahre 1931 stand im Hintergrund die Frage nach einer angemessenen Betreuung für die der Schule entwachsenen Seelenpflegebedürftigen Jugendlichen. Während der folgenden Jahre wurde diese Aufgabenstellung an verschiedenen Orten ständig weiter bewegt. Besondere Erwähnung verdient die 1942 von Hans Glaser in Schweden als Ableger des Mikaelgården gegründete Saltå Arbetsskola.

Zu einem neuen Impuls auf der Suche nach entsprechenden Lebensformen kam es im Sommer 1955 innerhalb der Camphill-Bewegung mit der Gründung einer ersten Dorfsiedlung, «Botton Village», für heranwachsende Menschen. Diese Art des gemeinsamen Lebens und Arbeitens war ein zukunftsweisender Schritt auf dem Entwicklungsweg von der Heilpädagogik zur Sozialtherapie, wie die Betreuung Seelenpflege-bedürftiger Erwachsener später benannt wurde. In den darauffolgenden Jahren wurden mit viel Einsatz weitere Einrichtungen in Form von Dorfgemeinschaften gegründet und die damit verbundenen Fragen weiterentwickelt. Wo liegt aber nun der entscheidende Unterschied zwischen Heilpädagogik und Sozialtherapie?

Während man im heilpädagogischen Heim als lehrender Erzieher wirkt, lebt man in der Dorfgemeinschaft, einem sozialtherapeutischen Platz, als gleichwertige Menschen. Es sind dort alle Teil der Gemeinschaft, die Kinder, die Greise, die «Mitarbeiter» und die «Dörfler». Es kann keine Einteilung in die «normalen Mitarbeiter» und die «zu Betreuenden» geben. In einer solchen Gemeinschaft ist es erstaunlich zu erleben, wieviel die Seelenpflege-bedürftigen Erwachsenen unter Umgehung des Intellekts doch verstehen und daß es für sie diese Einteilung gar nicht gibt.

Der Lebensbereich «Dorfgemeinschaft» läßt sich in drei Bereiche gliedern, welche hier kurz angeschnitten werden sollen: Durch ökonomisch geordnete Arbeit können sich die Dörfler in den Strom der Menschheit einfügen. Voraussetzung aber ist, daß das Ergebnis der Arbeit an anderer Stelle wirklich gebraucht wird. Nur so kann jeder mit seiner Arbeit zum Ganzen beitragen. Dieser ökonomische Bereich muß getrennt sein vom menschlich-rechtlichen, in welchem die Formen gefunden werden müssen, wie der gemeinsame Lebensbereich zusammen gestaltet werden kann. Als dritter Bereich ist die Auseinandersetzung mit geistigen Inhalten besonders wichtig. Dies kann in Form von Arbeitskreisen, Hausabenden, dem gemeinsamen Feiern von Jahresfesten und so weiter geschehen. Unter diesen Aspekten kann man verstehen, daß es eine große Aufgabe sein wird, das Leben dieses sozialen Organismus in einer Dorfgemeinschaft als ein zukünftiges Ideal verstehen und gestalten zu lernen.

Anmerkungen

[1] Rudolf Steiner, Mein Lebensgang, GA 28, Dornach 1982, Kapitel I, S. 7.

[2] Ders., Heilpädagogischer Kurs, GA 317, Dornach 1985, 9. Vortrag, S. 139.

[3] Siehe Anm. 1, Kapitel VI, S. 104f.

[4] Ebenda, Kapitel XXVIII, S. 279.

[5] Ders., Die Erziehung des Kindes vom Gesichtspunkte der Geisteswissenschaft, Sonderdruck, Dornach 1978.

[6] Ders., Allgemeine Menschenkunde als Grundlage der Pädagogik, GA 293, Dornach 1992; Erziehungskunst – Methodisch Didaktisches, GA 294, Dornach 1990; Erziehungskunst – Seminarbesprechungen und Lehrplanvorträge, GA 295, Dornach 1984.

[7] Emil Molt, Von der Gründung der freien Waldorfschule. In: Rudolf Grosse, Erlebte Pädagogik, Frankfurt am Main 1984.

[8] Gerhard Wehr, Der pädagogische Impuls Rudolf Steiners, Frankfurt am Main 1983.

[9] Rudolf Steiner, Die geistig-seelischen Grundkräfte der Erziehungskunst, GA 305, Dornach 1991, Vortrag vom 24. August 1922 in Oxford.

[10] Zur Heilmittelherstellung bei der «Wala» in Eckwälden, die von Dr. Rudolf Hauschka gegründet wurde, werden nach wie vor keine Zusätze von Alkohol verwendet.

[11] Mit «Engel von Sibirien» wird Elsa Brändström (1888–1948) bezeichnet. Als Tochter des schwedischen Gesandten in St. Petersburg stellte sie in den Jahren 1914–1920 ihr Leben, insbesondere während der schweren Typhusepidemie, in den Dienst der deutschen Kriegsgefangenenfürsorge in Rußland und Sibirien. Quelle: Brockhaus 1979.

[12] Siehe Anmerkung im Literaturverzeichnis unter «Anfänge der anthroposophisch-heilpädagogischen Bewegung».

[13] Rudolf Steiner, Geistige Wirkenskräfte im Zusammenleben von alter und junger Generation, Pädagogischer Jugendkurs, GA 217, Dornach 1988, Vortrag vom 15. Oktober 1922.

[14] Siegfried Pickert, Wie es zur anthroposophisch-heilpädagogischen Bewegung kam. Vortrag innerhalb des Elternseminars in Hohenfried am 6. Juni 1984. In: Elternbrief Hohenfried 1984.

[15] Vgl. Albrecht Strohschein, Entstehung der anthroposophischen Heilpäd-

agogik. In: Wir erlebten Rudolf Steiner, Erinnerungen seiner Schüler, Stuttgart 1980.

[16] Siegfried Pickert, Die Anfänge der anthroposophischen Heilpädagogik, Vortrag gehalten anläßlich der heilpädagogischen Tagung am Goetheanum am 9. Oktober 1974. In: «Zur anthroposophischen Heilpädagogik und Sozialtherapie», Heft 4, herausgegeben von der Konferenz für Heilpädagogik und Sozialtherapie, Dornach 1991.

[17] Ebenda.

[18] Siegfried Pickert, Von Rudolf Steiners Wirken bei der Begründung der heilpädagogischen Arbeit. In: Beltle/Vierl, Erinnerungen an Rudolf Steiner, Stuttgart 1979.

[19] Siehe Anm. 14.

[20] Siehe Anm. 16.

[21] Siehe Anm. 18.

[22] Ebenda.

[23] Ebenda.

[24] Siehe Anm. 2, 4. Vortrag, S. 70.

[25] Siehe Anm. 2, Hinweise, S. 190.

[26] Ebenda, 1. Vortrag, S. 11.

[27] Ebenda, 2. Vortrag, S. 33.

[28] Klara Süsser, Von der «Hohen Eiche» bis «Hohenfried». In: Elternbrief 1981, Haus Hohenfried.

[29] Werner Pache, Erziehung und Unterricht Seelenpflege-bedürftiger Kinder. In: Heilende Erziehung, Vom Wesen Seelenpflege-bedürftiger Kinder, Stuttgart 1981.

[30] Thomas Meyer, Vom Fortwirken der Weihnachtstagung. In: «Zur anthroposophischen Heilpädagogik und Sozialtherapie», Heft 4, herausgegeben von der Konferenz für Heilpädagogik und Sozialtherapie, Dornach 1991.

[31] Madeleine van Deventer, Die anthroposophisch-medizinische Bewegung in den verschiedenen Etappen ihrer Entwicklung, Dornach, 2. Aufl. 1992, S. 45.

[32] Heinrich Hardt, Zur Geschichte des Lauensteins, Aufsatz verfaßt am 27. Februar 1976.

[33] Zu den Personen der Anfangsjahre der heilpädagogischen Bewegung gehörten vor allem: Frau Dr. Margarete Kirchner-Bockholt, Frau Dr. Julia Bort, Franz Löffler, Albrecht Strohschein, Siegfried Pickert, Werner Pache, Frau Grete und Herr Dr. Heinrich Hardt, Frau und Herr Dr. Lievegoed, Frau und Herr Dr. Starke, Dr. Karl König, Dr. Ernst Marti, Dr. Franz Geraths, Fried Geuter, Hermann Kirchner, René Maikowski.

[34] Zur Gruppe des «Scheveninger Kreises» gehörten unter anderem auch: Dan Lindholm, Clara Kreutzer, Jörgen Smith, Owen Barfield, Cecil Harwood und Eberhard Schickler.

[35] Nicht zu verwechseln mit dem Sektionskreis, welcher nach Gründung der Konferenz für Heilpädagogik und Sozialtherapie aus dem Beratungskreis für den neuen Sekretär Hans Hasler entstanden ist.

[36] Hellmut Klimm, Einige Rückblicke auf die Entwicklung der anthroposo-

phisch orientierten Heilpädagogik. In: «Seelenpflege in Heilpädagogik und Sozialtherapie», Heft 3/93.

[37] Margit Engel, Camphill. In: «Seelenpflege in Heilpädagogik und Sozialtherapie», Heft 1/91.

[38] Zu den Einrichtungen, welche sich später der Camphill-Bewegung anschlossen, gehörten zum Beispiel das Centre de Pédagogie Curative in St-Prex und Village Aigues Vertes in Onex.

[39] 1985 hatte die Konferenz für Heilpädagogik und Sozialtherapie 74 Mitglieder.

[40] Mitglieder des Sektionskreises: Wolfgang Feuerstack, Leonardo Fulgosi, Angelika Gäch, Michael Dackweiler, Barth de la Hussaye, Reinhold Böhm, Erika von Arnim, Johannes Denger, Michaela Glöckler, Hans Egli.

[41] Der Ausbildungskreis setzte sich 1983 zusammen aus: Annelies Bruell, Camphill Aberdeen; Leonardo Fulgosi, St-Prex; Hans Hasler, Dornach, Freddy Heimsch, Lahti (Finnland), Thomas Jensen, Dornach, Volker Ostermai, Arlesheim, Ursel Pietzner, Beaver Run (USA), Siegfried Schmock, Wuppertal; Michael Schnell, Föhrenbühl, Kurt Vierl, Bad Boll, Norbert Visser, Scorlewald.
Im Jahre 1993 sind Mitglied: Annelies Bruell, Leonardo Fulgosi, Ursel Pietzner, Siegfried Schmock, Michael Schnell, Hans Egli, Angelika Gäch.

[42] Hans Hasler, Die Konferenz für Heilpädagogik und Sozialtherapie. In: «Seelenpflege in Heilpädagogik und Sozialtherapie», Heft 3/87.

[43] Kurt Vierl, In die Zukunft bauen. In: «Seelenpflege für Heilpädagogik und Sozialtherapie», Heft 3/82.

[44] Siehe Anm. 9.

[45] Die ersten Kleinklassen-Waldorfschulen in den sechziger Jahren waren: die Michael- Bauer-Schule, Stuttgart; die Emil-Molt-Schule, Berlin, und die Christian-Morgenstern- Schule, Wuppertal.

[46] Hans Jaenicke, Das entwicklungsgestörte Kind in der Waldorfschule. In: «Seelenpflege in Heilpädagogik und Sozialtherapie», Heft 4/92.

Literaturverzeichnis

Zur Bearbeitung einzelner Themenbereiche wurde als Arbeitsgrundlage insbesondere auch auf folgende Literatur zurückgegriffen:

Anfänge der anthroposophisch-heilpädagogischen Bewegung:

Pickert Siegfried, Die Anfänge der anthroposophischen Heilpädagogik, Vortrag gehalten anläßlich der heilpädagogischen Tagung am Goetheanum am 9. Oktober 1974. In: «Zur anthroposophischen Heilpädagogik und Sozialtherapie» Heft 4, herausgegeben Konferenz für Heilpädagogik und Sozialtherapie, Dornach 1991.

Pickert Siegfried, Vortrag gehalten innerhalb des Elternseminars in Haus Hohenfried am 6. Juni 1984. In: Elternbrief Hohenfried 1984

Pickert Siegfried, Von Rudolf Steiners Wirken bei der Begründung der heilpädagogischen Arbeit. In: Beltle/Vierl, Erinnerungen an Rudolf Steiner, Stuttgart 1979.

Pickert Siegfried, Erinnerungen an den Heilpädagogischen Kurs. In: Das Seelenpflege-bedürftige Kind, Heft 1/66, Bingenheim.

Wilmar Lore, Aus den Anfängen der anthroposophischen Heilpädagogik. In: Elternbrief Hohenfried 1981.

Eingeschobene Kurzbiographien:

Karl Schubert: Franz Geraths, Im Andenken an Dr. Karl Schubert. In: «Das Seelenpflege-bedürftige Kind», Heft 1/59.

– Margarete Plöthner, Bericht von der Karl-Schubert-Schule Stuttgart. In: «Das Seelenpflege-bedürftige Kind», Heft 2/65.

– Hans-Jürgen Hanke, Zum Gedenken an Dr. Karl Schubert. In: «Seelenpflege in Heilpädagogik und Sozialtherapie»: Heft 1/90.

Albrecht Strohschein: Hermann Kirchner, Dem Gedenken von Albrecht Strohschein. In: «Das Seelenpflege-bedürftige Kind», Heft 1/63.

Franz Löffler: Siegfried Pickert, Im Gedenken an Franz Löffler. In: «Das Seelenpflege-bedürftige Kind», Heft 1/57.

Ita Wegman: 50 Jahre Klinisch-Therapeutisches Institut Arlesheim, Ita Wegman-Klinik Arlesheim 1971.

Werner Pache: Edmund Pracht, Zum Gedenken an Werner Pache. In: Das Seelenpflege-bedürftige Kind, Heft 2/58, Bingenheim.

Meyer Thomas, Vom Fortwirken der Weihnachstagung, Werner Pache und Ita Wegman, Ein Stück Geschichte der anthroposophisch orientierten Heilpädagogik. In: Zur anthroposophischen Heilpädagogik und Sozialtherapie, Heft 4, Konferenz für Heilpädagogik und Sozialtherapie, Dornach 1991.

Franz Geraths: Wilhelm Seeberger, Aus dem Lebenslauf von Franz Michael Geraths, Nach einer Ansprache bei der Kremation am 27.7.1966. In: Das Seelenpflege-bedürftige Kind, Heft 2/66, Bingenheim.

Geschichte der Camphill-Bewegung:

König Karl, Die Camphill-Bewegung. In: Das Seelenpflege-bedürftige Kind, Heft 2/65, Bingenheim.

Müller-Wiedemann Hans, Karl König, Eine Mitteleuropäische Biographie im 20. Jahrhundert, Stuttgart 1992.

Geschichte der Heilpädagogischen Bewegung:

Klimm Hellmut, Einige Rückblicke auf die Entwicklung der anthroposophisch orientierten Heilpädagogik. In: Seelenpflege in Heilpädagogik und Sozialtherapie, Heft 3/93.

Meyer Thomas, Vom Fortwirken der Weihnachstagung, Werner Pache und Ita Wegman, Ein Stück Geschichte der anthroposophisch orientierten Heilpädagogik. In: Zur anthroposophischen Heilpädagogik und Sozialtherapie Heft 4, Konferenz für Heilpädagogik und Sozialtherapie, Dornach 1991.

van Deventer Madeleine, Die anthroposophisch-medizinische Bewegung in den verschiedenen Etappen ihrer Entwicklung, Arlesheim, 2. Aufl. 1992.

Heilpädagogische Ausbildung:

Wilmar Frits, Rudolf-Steiner-Seminar Bad Boll. In: Seelenpflege für Heilpädagogik und Sozialtherapie, Heft 3/82.

Allgemeine Literaturhinweise

Hans Müller-Wiedemann, Karl König, Eine Mitteleuropäische Biographie im 20. Jahrhundert, Stuttgart, 1992.

Rudolf Steiner, Mein Lebensgang, Eine nicht vollendete Autobiographie (GA 28), Dornach, 1982.

Rudolf Steiner, Heilpädagogischer Kurs (GA 317), Dornach, 1985.

Erinnerungen an Rudolf Steiner, Gesammelte Beiträge aus den «Mitteilungen aus der anthroposophischen Arbeit in Deutschland» 1947–1978, herausgegeben von Erika Beltle und Kurt Vierl, Stuttgart 1979.

Elternbrief Hohenfried 1984.

Wir erlebten Rudolf Steiner, Erinnerungen seiner Schüler, herausgegeben von M. J. Krück v. Poturzyn, Stuttgart, 7. Aufl. 1988.

Verband anthroposophischer Einrichtungen in Heilpädagogik und Sozialtherapie: *Heilende Erziehung aus dem Menschenbild der Anthroposophie,* leben, lernen und arbeiten mit Seelenpflege-bedürftigen Kindern und Erwachsenen, Wuppertal, 1974.

Ita Wegman Klinik: *50 Jahre Klinisch-Therapeutisches Institut Arlesheim,* Arlesheim, 1971.

Vereinigung der Heil- und Erziehungsinstitute: *Das Seelenpflege-bedürftige Kind,* Verlag: Das Seelenpflege-bedürftige Kind Bingenheim, 1954–1972.

Vereinigung der Heil- und Erziehungsinstitute: *Interne Korrespondenz,* 1972–1982.

Konferenz für Heilpädagogik und Sozialtherapie: *Seelenpflege in Heilpädagogik und Sozialtherapie,* Dornach, 1982–1992.

Konferenz für Heilpädagogik und Sozialtherapie: *Zur anthroposophischen Heilpädagogik und Sozialtherapie, Heft 4,* Dornach, 1991.

Konferenz für Heilpädagogik und Sozialtherapie: *Verzeichnis der anthroposophischen Einrichtungen für Heilpädagogik und Sozialtherapie,* Dornach, Januar 1992.

Sonnenhof Arlesheim, *Archiv.*